AF551863

Nicola Gori

DIE EUCHARISTIE
Mein Weg zum Himmel

Biografie von Carlo Acutis

Nicola Gori

DIE EUCHARISTIE
Mein Weg zum Himmel

Biografie von Carlo Acutis

media
maria

Originaltitel der italienischen Ausgabe:
Eucaristia
La mia autostrada per il cielo
Biografia di Carlo Acutis (1991–2006) a cura di Nicola Gori
8. Auflage

Die Bibelzitate stammen aus der revidierten Einheitsübersetzung
der Heiligen Schrift

DIE EUCHARISTIE
Mein Weg zum Himmel
Biografie von Carlo Acutis
Nicola Gori
Übersetzung: Francesca Paolino

Media Maria Verlag, 5. Auflage 2025

ISBN 978-3-9479314-0-8
www.media-maria.de

Inhalt

Einleitende Worte

Ein Jugendlicher unserer Zeit, der wie viele andere in die Schule geht, sich mit Freunden trifft und trotz seines Alters bereits ein Computerexperte ist. In all dies hat sich seine Begegnung mit Jesus Christus eingefügt.

Carlo Acutis bezeugt den Auferstandenen, vertraut sich der Jungfrau Maria an, führt ein Leben der Gnade und erzählt seinen Altersgenossen von seiner überwältigenden Erfahrung mit Gott.

Jeden Tag empfängt er die Eucharistie, nimmt hingebungsvoll an der Heiligen Messe teil und verbringt viele Stunden vor dem Allerheiligsten. Seine Erfahrung und sein christlicher Reifungsprozess zeigen, wie wahr die Hinweise des Heiligen Vaters Benedikt XVI. im Nachsynodalen Apostolischen Schreiben *Sacramentum Caritatis* sind: Das Opfer der Messe und die eucharistische Anbetung stärken, stützen und bauen die Liebe zu Jesus und die Bereitschaft zum kirchlichen Dienst auf.

Darüber hinaus hat Carlo eine zärtliche Hingabe zu Unserer Lieben Frau empfunden, treu den Rosenkranz gebetet und, da er sie als liebevolle Mutter betrachtet hat, ihr seine Opfer als kleine Blumen dargebracht.

Dieser Junge, der in sozialer Hinsicht seinen Mitschülern glich, war ein echter Zeuge dafür, dass das Evangelium auch heute von einem Jugendlichen im Leben umgesetzt werden kann.

Sein kurzes, der Begegnung mit Christus entgegenstrebendes Leben war wie strahlendes Licht, das nicht nur den Weg derjenigen, die ihm begegnet sind, sondern all jener, die seine Geschichte noch kennenlernen werden, erhellen wird.

Ich bin voller Zuversicht, dass diese erste Biografie von Carlo Acutis, die Dr. Nicola Gori mit großer Detailgenauigkeit herausgegeben hat, den heutigen, so problembeladenen und von den Massenmedien geprägten Jugendlichen helfen wird, über den Sinn des Lebens und die Werte des Evangeliums als dessen volle Verwirklichung nachzudenken.

Wenn diese Jugendlichen ihn als ihren Gefährten betrachten, der sich der Freundschaft für Christus hingab und deshalb auch die echte Freude erlebte, dann werden auch sie von einer Freude durchströmt werden, die die Fülle des jugendlichen Lebens nicht reduziert, sondern vermehrt.

Das auf das Evangelium ausgerichtete Zeugnis unseres Carlo ist nicht nur eine Inspiration für die heutigen Jugendlichen, sondern stellt auch eine Herausforderung für Gemeindepfarrer, Priester und Erzieher dar, die dadurch veranlasst werden, sich Fragen über die Wirksamkeit der religiösen Unterweisungen zu stellen, die die Jugendlichen in unseren Pfarrgemeinden erhalten, sowie über die Art und Weise, wie sie diese Ausbildung wegweisend und fruchtbar gestalten können.

S. E. Michelangelo M. Tiribilli OSB
Generalabt der Benediktinerkongregation
von Monte Oliveto

Vorwort

Carlo, du lächelst im Jenseits immer noch,
dort, wo die Engel dich hingeführt haben

Da oben, Carlo, siehst du in jedem Augenblick das Herz Gottes.

Erinnerst du dich? Du hast deinen Freunden und Mitschülern erklärt und mit ihnen darüber gesprochen, dass bei der Konsekration durch den Priester das Brot und der Wein im Kelch in die reale Präsenz Gottes verwandelt wird, die in diesen Gestalten verborgen ist.

Wie oft hast du Jesus, den menschgewordenen Gott, verteidigt? Deine Augen haben wie Sterne geleuchtet, wenn du von ihm gesprochen hast!

Du warst erst sieben Jahre alt, als du ihm schon begegnen wolltest.

Du wolltest ihn sofort kennenlernen! Damals hast du jedoch nicht gewusst, dass er derjenige war, der bei dir wohnen wollte.

Du hast nicht geahnt, dass er dich bereits so sehr liebte, dass er dich bald, sehr bald ganz nahe bei sich haben wollte. So sind deine Jahre schnell vergangen – deshalb hat sich bei dir alles so früh zugetragen. Mit wenigen Monaten hast du sprechen gelernt und während deiner Jugendzeit hast du bereits Informatik-Lehrbücher der Studenten gelesen.

Doch du, Carlo, bist auch wirklich Kind gewesen, denn du hast als kleines Kind auch mit einem weißen Plüschlämmchen gespielt – das erste Geschenk, das du bekommen hast. Und es war ein weißes Lämmchen, das am Tag deiner Erstkommunion in einem Klausurkloster auf der Fahrt dorthin mit seinem Hirten die Straße überquert hat.

Wie viele heiße Tränen sind von denen vergossen worden, denen du auf der Welt das Liebste warst, als die Krankheit entdeckt wurde!

Als die Ärzte dir im Krankenhaus die Wahrheit gesagt haben, hast du nicht geweint. In deinem Inneren hast du es schon gewusst. Und du hast deinen Vater und deine Mutter ohne Tränen in den Augen angeschaut – doch ihnen in diesem Moment in die Augen zu sehen, war einer der schwersten Momente.

Du hast dein Leben und dein Leiden für den Papst und die Kirche aufgeopfert.

Nach Assisi, in das Land des heiligen Franziskus, den du so sehr geliebt hast, sind deine sterblichen Überreste zurückgekehrt.

Zu Hause hast du dich in Assisi gefühlt, aber Jesus, Carlo, war in deinem Herzen zu Hause!

Du hast bei der Kommunion mit großer Zärtlichkeit zu ihm gesprochen, und er hat sich in deinem Herzen wohlgefühlt, ist gerne jeden Tag zu dir gekommen und hat dir in jener geheimnisvollen Stille zugehört, die die Anwesenheit Gottes offenbart.

Jesus wusste schon, als du noch ein Kind warst, dass er dich sehr bald zu sich rufen würde. Denn Jesus hat auf deine reine, bis zum letzten Lebenstag unversehrte Liebe geantwortet.

Du hast ihn beim Empfang des Sakraments der Eucharistie mit deinen wie Sterne glänzenden Augen bezaubert.

Du hast ihn erobert, als du deinen Freunden die Botschaft des Evangeliums verkündet hast und deine klare und sichere Stimme wie das Echo seiner Stimme klang.

Wenn du die Traurigen mit liebevollen und mitfühlenden Worten getröstet hast, war er bei dir, verborgen in deinem Herzen. Und in der Zeit deines Apostolats, um die zweifelnden Freunde zu ihm zurückzubringen, wies der Gute Hirte, der deine Schritte gelenkt hat, den sicheren Weg der Bekehrung.

Dein Leben, Carlo, ist nach menschlichem Ermessen kurz gewesen. Dennoch sind deine Tage durch die aufeinanderfolgenden Aufträge, die Jesus, dein Meister, dir übertragen hat, schnell vergangen.

Kurz vor deinem Tod hattest du bereits eine Vorahnung und in diesen letzten Tagen deines Lebens war schon das geheimnisvolle Licht des Unendlichen in deinem Gesicht zu erkennen.

Du, Carlo, hast dich damals auf die letzte Reise vorbereitet, dem Himmel entgegen.

Nun bist du dort mit deiner Seele, und deine sterblichen Überreste ruhen auf jener Anhöhe[1] bei Assisi, wo deine Freunde weiterhin Blumen auf die helle Marmorplatte legen.

Sie – deine Freunde – sehen die Basilika des heiligen Franziskus in der Ferne und eine leichte Brise lässt die Blätter der Bäume leise rascheln.

Auf der weißen Grabplatte weist die Darstellung der schmerzhaften Mutter auf die Schmerzen hin, die die Jungfrau Maria erduldet hat, als sie ihren gekreuzigten Sohn in den Armen hielt. Nach der Qual auf Golgota hatte Maria keine Tränen mehr.

Auch deine Familie, Carlo, vergießt keine Tränen mehr, da sie auf die Gewissheit des Glaubens vertraut, auf das Versprechen Jesu vor seiner Himmelfahrt: »Ich gehe, um einen Platz für euch vorzubereiten.«

Giuseppina Sciascia

Einführung

Was hat ein Jugendlicher, der mit nur 15 Jahren unerwartet stirbt, uns in unserem hektischen Leben zu sagen? Welche Botschaft hat er uns allen im Laufe seines kurzen Lebens hinterlassen? Was hat er in den Herzen derjenigen, die ihn kennengelernt haben, hinterlassen? Das sind die Fragen, die uns in den Sinn kommen, wenn wir Carlo Acutis' Leben und seine Persönlichkeit betrachten. Sein irdisches Leben war von kurzer Dauer und es ging schnell seinem Ende zu, aber es hat eine unauslöschliche Spur hinterlassen – nicht nur bei seinen Familienangehörigen und in seinem Freundeskreis, sondern auch bei all jenen, die ihm auf seinem Weg begegnet sind.

Carlo war ein außergewöhnlich intelligenter Junge und seine Fähigkeiten in der Handhabung von PC und Computerprogrammen waren genial. Wie seine Altersgenossen liebte er Zeichentrickfilme und Spiele. Er mochte Tiere und hatte sowohl Katzen als auch Hunde bei sich zu Hause. Er war ein einfühlsamer Junge, der seine Eltern lieb hatte und immer auch sehr gerne bei seinen Großeltern war. Er besuchte die Grundschule und Mittelstufe bei den Schwestern der heiligen Marcellina in Mailand und später das humanistische Gymnasium in dem von den Jesuiten geleiteten Institut *Leo XIII*. Er mochte das Meer, reiste und unterhielt sich gerne, freundete sich mit den Hausangestellten an – allen gegenüber war er offen. Er grüßte jedermann und suchte das Gespräch mit den Betreffenden. Er war hilfsbereit und hatte ein sonniges Gemüt. Carlo hatte kein Problem, mit Höhergestellten zu sprechen oder mit Bettlern, die er auf der Straße traf. Niemand wurde von ihm ausgeschlossen. Doch was war das Besondere an Carlo im Vergleich zu vielen seiner Altersgenossen? Welche besonderen Eigenschaften konnten seine Freunde an ihm feststellen?

Nun, im Laufe seines kurzen Lebens hat Carlo eine besondere Person entdeckt: Jesus Christus. Schon von klein auf hat die Begegnung mit Jesus sein Leben geprägt. Er hat in ihm einen Freund gefunden, einen Bezugspunkt und einen Grund für seine Existenz. Ohne Jesu Präsenz in seinem täglichen Leben könnte man das Benehmen und das Leben dieses Jungen, der in jeder Hinsicht seinen Freunden ähnelte, jedoch in sich ein nicht verfügbares Geheimnis getragen hat, nicht begreifen.

Carlos menschliche und geistige Entwicklung hat sich innerhalb seiner Familie, in der er aufwuchs, entfaltet, doch dürfen wir nicht vergessen, dass Carlo sich aus freiem Willen entschlossen hatte, spontan und mit großer Begeisterung dem Herrn zu folgen und darin seine eigene Familie übertraf. Er ist in einem Umfeld aufgewachsen, in dem man sich allmählich nicht nur zum Glauben bekannt hat, sondern in dem er auch durch gute Werke bezeugt wurde. Carlo ist für das gute Beispiel und die Lehre der Glaubenswahrheiten sehr empfänglich gewesen und hat sie sofort selbst übernommen. In einer Welt, die auf Vergängliches und den äußeren Schein ausgerichtet ist, hat dieser Junge Zeugnis gegeben für die Werte des Evangeliums, die der Mehrheit der Menschen offensichtlich abhanden gekommen sind. Er hat sich nicht davor gefürchtet, als Außenseiter wahrgenommen zu werden und gegen den Strom zu schwimmen in Bezug auf die in seinen Kreisen oder in der Konsumgesellschaft herrschende Mentalität. Ihm war bewusst, dass man, um Christus nachzufolgen, Opferbereitschaft und große Demut braucht. Die Entscheidung, die Gebote des Evangeliums zu befolgen, mag für einen Jungen dieses Alters außergewöhnlich erscheinen, doch ist zu bedenken, dass er Vorbilder hatte, auf die er sich beziehen konnte. Man denke nur an die Hirtenkinder von Fatima, die heilige Jacinta und den heiligen Francisco,[2] an Dominikus Savio (1842–1857), den heiligen Aloisius von Gonzaga (1568–1591), um nur einige Kinder und Jugendliche zu nennen, die die Kirche zur Ehre der Altäre erhoben hat. Wenn wir auch die Märtyrer, darunter den heiligen Tarzisius, den Märtyrer der Eucharistie, die heilige Agatha und die heilige Agnes berücksichtigen, dann ist das Bild noch vollständiger. Wir müssen außerdem feststellen, dass Jesus und Maria häufig Kinder auserwählt haben, denen sie erschienen sind, um ihnen eine Botschaft für die ganze Kirche und Menschheit anzuvertrauen. Man denke nur an die heilige Bernadette Soubirous (1844–1879) in Lourdes, die zur Zeit der Erscheinungen erst 14 Jahre alt war; an Mélanie, auch 14 Jahre alt, und an den elfjährigen Maximin, denen die Jungfrau Maria in La Salette erschienen ist; ebenfalls an Lucia in Fatima und ihre bereits erwähnten jüngeren Cousins Jacinta und Francisco. Und nicht vergessen werden soll die geistliche Kindschaft der heiligen Therese vom Kinde Jesus und vom Heiligen Antlitz (1873–1897), die ihren asketischen Lebensweg begründet hat, indem sie dem *Kleinen Weg* mit der Demut und dem Vertrauen eines Kindes folgte. Die gleiche Meinung hat auch der Diener Gottes, der heilige Papst Johannes Paul II., vertreten, der im Brief an die Kinder vom 13. Dezember 1994 schrieb: »Der Erlöser der Menschheit scheint *mit ihnen die Sorge für die anderen zu teilen:* für die Eltern, für die Schulfreunde und Spielgefährten. Er erwartet so sehr ihr Gebet. *Was für eine enorme Macht hat das Gebet der Kinder!* Es wird zu einem Vorbild selbst für die Erwachsenen: Mit schlichtem und restlosem Vertrauen beten heißt beten, wie die Kinder zu beten verstehen.«[3]

Carlo reiht sich genau in diese Vielzahl der Kinder ein, die Gott mit ihrem Leben die Ehre geben. Seine Entscheidung, alles auf Christus zu setzen, war kein Strohfeuer, sondern konsequent. Er hat genau gewusst, dass die Freundschaft mit Jesus einer großen Anstrengung bedarf. Deshalb hat er sich an zwei Eckpfeiler gehalten, um aus diesen die erforderliche Kraft zu schöpfen: die Eucharistie und die Jungfrau Maria.

Carlos Leben war vollkommen eucharistisch ausgerichtet, was bedeutet, dass er das Geheimnis des Leibes und des Blutes Christi nicht nur geliebt und zutiefst verehrt hat, sondern dass er sich auch dessen selbstlosen und opferbereiten Aspekt zu eigen gemacht hat. Er hat eine große Verehrung für das Allerheiligste Sakrament empfunden, in dem er die Gegenwart Gottes erkannte, der seinen Geschöpfen nahe sein will. Durch das Geheimnis der Eucharistie hat er Jesu unendliche Liebe zu den Menschen erkannt. Er fühlte sich aufgerufen, auf diesen Ruf Gottes und seine Liebe zu antworten, und versuchte, sie mit Begeisterung und Großzügigkeit zu erwidern.

Die im stillen Gebet verbrachte Zeit vor der Eucharistie war für Carlo eine Schule der Liebe – es genügte ihm nicht, sich gut und richtig zu verhalten, sondern er spürte, dass er mehr tun musste: Er musste sich Gott hingeben, um seinen Brüdern und Schwestern zu dienen. Daher stammte sein Eifer für die Rettung der Seelen. Er hat sich nicht damit begnügt zu beten, sondern er hat auch oft über Jesus, Maria und die Letzten Dinge gesprochen und das Risiko, seine Seele zu verlieren. Er war sich völlig der Gefahr bewusst, dass die Seelen in die Irre gehen können und nie wieder mit Gott vereint werden. Carlo hat versucht, vor allem den Menschen zu helfen, die, in Sünde und Gleichgültigkeit versunken, fern von Jesus ihr Leben führen. Nicht selten versuchte er, im Gebet die Sünden und Beleidigungen gegenüber der göttlichen Liebe und dem Heiligsten Herzen Jesu, das er in der geweihten Hostie schlagen sah, wiedergutzumachen. Wie die heilige Margareta Maria Alacoque (1647–1690) verspürte er den Wunsch, Seelen zum Herzen Jesu zu bringen.

Carlo hat das Herz Jesu sehr verehrt und auf seine barmherzige Liebe vertraut entsprechend den Verheißungen, die der heiligen Margareta Maria geoffenbart wurden. Insbesondere hat er jeden ersten Freitag im Monat die Kommunion empfangen, um die Schmähungen und Sünden, die das eucharistische Herz beleidigen, wiedergutzumachen. Diese treue Gewohnheit, häufig zur Kommunion zu gehen, förderte seinen Eifer für Jesus und machte ihn zu einem seiner Jünger, wie die Priester, die ihn kannten, es bestätigen.

Eine solche Tiefe und Reife mag für einen Jungen seines Alters seltsam erscheinen, aber der Heilige Geist hat ihn schnell voranschreiten lassen. Wir wissen jetzt warum: Sein Leben sollte kurz sein und der Weg zur Vollkommenheit musste in kurzer Zeit zurückgelegt werden. Doch er scheute sich nicht davor, sich an der Hand führen zu lassen in der Gewissheit, dass Jesus für ihn das Beste gewählt hat, das ihm nicht genommen werden konnte. Er spürte tief in seinem Inneren, dass er von Gott geliebt wird und das genügte ihm, um seinerseits ein Bote der göttlichen Barmherzigkeit zu sein.

Carlo wurde von seinen Mitschülern geschätzt und geachtet, auch wenn er manchmal wegen seiner großen Frömmigkeit ausgelacht wurde. Es ist bekannt, dass Kinder in diesem Alter lebhaft und auch etwas übermütig sind, und wenn man nicht der herrschenden Mentalität entspricht, wird man schnell als Außenseiter betrachtet. Aber Carlo war nicht von einem fremden Stern, sondern ein Mensch, der wusste, dass Jesus ihm begegnet ist, und der, um ihm treu zu bleiben, auch bereit war, die vorherrschende Meinung und die Gewohnheiten der Mehrheit infrage zu stellen. Der Junge hatte also keine Angst vor Kritik und Spott, da er sie bereits als unvermeidlich in Betracht gezogen hatte, wobei er von diesem Punkt aus seine Freunde für die Sache Jesu gewinnen wollte.

Während er sich einerseits durch sein Talent in der Informatik zu einem Computerexperten entwickelte, machte ihn sein unerschütterlicher Glaube andererseits zu einem geistlichen Meister. Seine Schulfreunde suchten ihn auf, damit er ihnen zeigte, wie man den Computer am besten bedient, und während er ihnen erklärte, wie die Programme und die Befehle funktionieren, nutzte er die Gelegenheit, die Unterhaltung auf die ewigen Wahrheiten, auf Gott, zu lenken. Er ließ keine Gelegenheit aus, das Evangelium und die Glaubensinhalte weiterzugeben. Er wusste, dass das Beispiel mitreißend sein kann, aber auch das Wort Gottes ist notwendig, um den Leuten die Geheimnisse der Erlösung zu erklären. Bei seinen Freunden herrschte Einigkeit darüber, dass Carlo ein authentischer Zeuge für Christus und Verkünder des Evangeliums war.

Carlo wusste, dass ein großer missionarischer Einsatz notwendig ist, um allen Menschen das Evangelium zu verkünden. Deshalb schätzte er den Impuls des seligen Giacomo Alberione (1884–1971), seine geniale Intuition, die neuen Medien im Dienste des Evangeliums zu nutzen. Carlo vertraute darauf, dass die Medien, wenn sie gut genutzt werden, ein hervorragendes Instrument für die Verbreitung des Wortes Gottes sowie das Kennenlernen der Person Jesu sind. Das gute Gespür des Jungen führte ihn dazu, sich zu informieren und katholische Zeitschriften zu lesen, die die Möglichkeit der Vertiefung und Reflexion aktueller Themen bieten, die Christen beschäftigen. Es genügt, die weitverbreiteten Zeitschriften der geistlichen Kinder Alberiones zu erwähnen, mit denen Carlo sehr vertraut war und in denen er die theologischen und pastoralen Debatten verfolgte. Carlos Ziel stimmte völlig mit dem der Missionare überein, die die Medien nutzen: Es sollten so viele Menschen wie möglich erreicht werden, um ihnen die Schönheit und Freude an der Freundschaft mit Jesus zu vermitteln. In diesem Zusammenhang nahm der Junge sich Paulus, den Apostel der Heiden, zum Vorbild, der sein Leben dafür einsetzte, allen Menschen die Frohe Botschaft zu verkünden.

Carlos Teilnahme an den Aktivitäten der Pfarrgemeinde und am kirchlichen Leben machte ihn zu einem echten Sohn der Kirche. Für sie betete er und brachte Opfer. Aber sein ständiger Gedanke galt dem Papst, in dem er den Stellvertreter Christi sah und für den er seine Buße und Gebete aufopferte. Er empfand eine große Liebe nicht nur für die Person des Heiligen Vaters, sondern auch für das Lehramt, das der Papst für die gesamte kirchliche Gemeinschaft ausübt. Carlo hatte schon früh eine große Reife erlangt, weshalb er von Erzbischof Pasquale Macchi, dem ehemaligen Privatsekretär Pauls VI., die Erlaubnis erhielt, mit sieben Jahren vorzeitig zur Erstkommunion zugelassen zu werden, noch dazu in einem Klausurkloster. Er erlebte Gott in einer Weise, wie sie nur wenigen zuteilwird. Carlo konnte bestimmte Glaubensbegriffe verstehen und in einfachen, verständlichen Worten, die nicht einmal ein Theologe besser formulieren könnte, erklären. Priester, Ordensleute und Menschen, die ihn sprechen hörten und mit denen er in Kontakt kam, staunten über diese Gabe.

Seine Fähigkeit, die Glaubenswahrheiten in einer einfachen und überzeugenden Sprache allen zugänglich zu machen, und sein Verhalten, das mit dem bezeugten Glauben übereinstimmte, trugen zur Bekehrung einiger Menschen zum christlichen Glauben bei, denen Carlo häufig begegnete. Diese Menschen fühlten sich insbesondere durch das Verhalten des Jungen angesprochen, der sie nicht nur mit dem Evangelium vertraut machte, sondern sie auch davon überzeugte, dass Christus wirklich der von der Menschheit erwartete Erlöser und der Einzige ist, der das menschliche Herz vollständig erfüllen kann.

Der zweite Eckpfeiler, auf dem seine ganze Spiritualität ruhte, war die Jungfrau Maria. Ihr vertraute er sein Leben vollständig an. An sie wandte er sich in den dunkelsten Momenten der Not. Sie wurde zu seiner treuen Begleiterin, seiner zweiten Mutter. Es wäre undenkbar, von Carlo zu sprechen, ohne seine tiefe Verehrung für die Muttergottes zu erwähnen. Er war von den Berichten über die Erscheinungen in Lourdes und Fatima fasziniert und wollte den von der Jungfrau Maria durch die Seher gegebenen Botschaften und Empfehlungen Folge leisten. Dank Fatima lernte er das Unbefleckte Herz

Mariens zu lieben, zu ihm zu beten und ihm Opfer zu bringen, um die Beleidigungen, die die Menschen ihm antun, wiedergutzumachen.

Diese geistliche Prägung beeinflusste sein ganzes Leben: Er betete treu den täglichen Rosenkranz, weihte sich der Jungfrau Maria und erneuerte diese Weihe oft, verbreitete die Verehrung der Gottesmutter in seinem Bekanntenkreis, besuchte ihre Wallfahrtskirchen und unterhielt eine innige Beziehung mit ihr durch sein tägliches Gebet. Durch die Erscheinungen von Lourdes erfuhr er von der Notwendigkeit, unermüdlich den Rosenkranz zu beten, Buße zu tun sowie Opfer zu bringen. Gewöhnlich erzählte er seiner Familie die Geschichte von Bernadette und den Erscheinungen an der Grotte von Massabielle und forderte alle auf, den Empfehlungen der Unbefleckten Empfängnis zu folgen. Bernadette, dieses Mädchen aus dem Volk, das aus einer armen Familie stammte, über keine Bildung verfügte und das von der Muttergottes wegen seiner Einfachheit und Demut als Vertraute auserwählt worden war, hatte großen Einfluss auf Carlos Spiritualität.

Was Fatima anbelangt, so bewahrte Carlo die Worte der Jungfrau Maria an die Hirtenkinder in seinem Herzen und verinnerlichte sie. Daraus rührte seine große Liebe zum Unbefleckten Herzen Mariens und sein Bedürfnis, der Gottesmutter durch sein eigenes Verhalten und Gebet Freude zu bereiten. Er war sehr beeindruckt von Lucias Schilderung der Höllenvision und beschloss, fortan alles zu tun, um sich selbst und andere Seelen vor der Hölle zu bewahren. Darüber hinaus war er bestürzt darüber, wie viele Seelen im Fegefeuer des Gebetes bedürfen. Er hatte auch den berühmten *Traktat über das Fegefeuer* von der heiligen Katharina von Genua (1447–1510) gelesen, in dem die Heilige klar und ausführlich die Strafen der Seelen und ihre Läuterung beschreibt, um die Schau Gottes zu ermöglichen. Carlo, der für die Leiden anderer sensibel war, verpflichtete sich persönlich durch Gebet,

Teilnahme an der Heiligen Messe, Kommunion und das Beten des Rosenkranzes, den Seelen im Fegefeuer beizustehen. In einer Welt, in der das Thema der Letzten Dinge des Glaubens ein Anachronismus, ein Überbleibsel aus der Vergangenheit, eine von Zivilisation und Fortschritt überholte Rede zu sein scheint, rüttelt Carlo an unserem Gewissen und lädt uns ein, über den begrenzten irdischen Horizont hinauszuschauen.

Seine Fähigkeit, auf das unvergängliche Leben ausgerichtet zu sein, seine Erwartung des Absoluten, sein vollständiges Eingebundensein in die ihn umgebende Gesellschaft, jedoch gleichzeitig seine Vorstellung von sich als in der Ewigkeit Lebender, der nur vorläufig auf dieser Erde ist, machten ihn zu einem Zeugen der Ewigkeit. Carlo hat verstanden, dass wir über unsere alltäglichen Probleme hinausschauen und unseren Blick erheben müssen, um zu erkennen, dass unser Leben von dem gelenkt wird, der uns vorbehaltlos und von ganzem Herzen liebt. Der Fortschritt im Glauben auf dem Weg zur Vereinigung mit Jesus war für ihn die Reaktion auf den tiefen Wunsch, den er in sich spürte, heilig zu werden. Die allgemeine Berufung zur Heiligkeit war für Carlo eine Verpflichtung, eine Aufgabe und ein Wunsch, die aus seinem Herzen entsprangen und die er verwirklichen wollte, um die Liebe Gottes zu erwidern.

Carlo empfand das dringende Bedürfnis, sein Leben nach dem Evangelium auszurichten und Christus nachzufolgen, und er fürchtete sich nicht vor dem Urteil der Menschen in seiner Umgebung, sei es in der Familie, im Freundeskreis oder in der Schule. Gerade in der Schule legte er von seiner Glaubenserfahrung ein starkes Zeugnis ab. Er bekannte sich vor seinen Freunden zu Gott und nutzte jede Gelegenheit, das Gespräch auf die Glaubenswahrheiten zu lenken. Er war so eifrig, wenn es um göttliche Dinge ging, dass er immer für den rechten Glauben eintrat und die Lehre der Kirche und der Päpste gegen Kritik und persönliche Interpretationen energisch verteidigte. Auf der Grundlage des Evangeliums und der Tradition der Kirche erreichte Carlo eine Reife in seiner Glaubenserfahrung, die für einen Jungen seines Alters ungewöhnlich war.

Selbst Theologen und Priester, die mit ihm diskutierten, erkannten, dass sie es mit einem ganz besonderen Gesprächspartner zu tun hatten, einem Menschen, der die christlichen Wahrheiten vertieft und verinnerlicht hatte. Er war auch ein unermüdlicher Kämpfer für das Lebensrecht: Er war davon überzeugt, dass Abtreibung ein wirkliches Verbrechen ist, und setzte sich, so gut er konnte, dafür ein, eine Botschaft der Hoffnung und eine unerschütterliche Haltung zugunsten des Lebensrechts weiterzuverbreiten. Seine Einstellung zu den moralischen Werten akzeptierte keine Kompromisse. Angesichts von Feindseligkeiten und gegenteiligen Ansichten gab er nicht nach, sondern vertrat vehement und mutig den Standpunkt der kirchlichen Lehre zu den Problemen, die mit dem Schutz des ungeborenen Lebens und der Sterbenskranken zusammenhingen.

Wir können davon ausgehen, dass Jesus selbst und seine Mutter ihn in der Stille und im Gebet mehr unterwiesen und geformt haben als die Bücher, die er las. Diese Bereitschaft, sich vom Heiligen Geist führen zu lassen, sich hinzugeben, hat ihm ermöglicht, sich in geistliche Höhen zu erheben, ohne den Kontakt mit der Erde zu verlieren.

Wir sind bei Carlo mit einer edlen, ins Geheimnis Gottes eingetauchten Seele konfrontiert, die auch die Brüder und Schwestern nicht vergaß, denen sie auf ihrem Weg begegnete, angefangen bei den Bedürftigsten. Man denke nur an seine große Nächstenliebe, die er gegenüber den Bettlern und Bedürftigen auf der Straße zeigte, sowie an seinen Eifer, die Missionare mit Spenden zu unterstützen, die das Evangelium in den Ländern der Dritten Welt verkünden. Darüber hinaus wurde die Unterstützung der Wohltätigkeitsorganisation des heiligen Ambrosius für ihn zu einem regelmäßigen und dringlichen Anliegen. Das Werk des heiligen Franziskus in Mailand lag ihm besonders am Herzen, das von den Kapuzinern unterhalten wird. Dort werden viele Hilfsbedürftige und Einwanderer, die in der Stadt ankommen, aufgenommen, gekleidet und verpflegt. Für sie sammelte Carlo bei Familienmitgliedern und Bekannten Geld und schaffte es so, einige Menschen in diese Wohltätigkeit mit einzubeziehen.

Aus den gesammelten Zeugnissen geht hervor, dass Carlos Beispiel ansteckend war: Ihm gelang es nicht nur, seine Eltern und Freunde für Werke der Wohltätigkeit und der Frömmigkeit zu gewinnen, sondern sein Wunsch war, dass ihr Engagement dauerhaft sein sollte, begründet in der Liebe zu Christus, und nicht aus reiner Philanthropie geschehen sollte. Besonders viele seiner Altersgenossen fühlten sich von seinem geistigen Weg beeinflusst, der Spuren in ihren Herzen hinterließ. Viele erinnern sich an sein Lächeln, seine Heiterkeit, seine große Güte, ein Zeichen dafür, dass diejenigen, die nach der Lehre des Evangeliums leben, für andere anziehend sind. Carlo war einer dieser Apostel unserer Zeit, dem es gelang, mit den neuen Mitteln, die Fortschritt und Technik zur Verfügung gestellt haben, nicht Worte um ihrer selbst willen zu verkünden, sondern eine Person, einen Freund, mit dem er eine außerordentliche Begegnung hatte, die sein Leben erschüttert hat. Mithilfe des Computers und der Informationstechnologie, ohne Furcht vor Verwendung der Massenmedien zum Wohle der Seelen, wurde er zum Förderer und Apostel der Verkündigung des Reiches Gottes. Er stellte sein Können, seine Fähigkeiten und seine Intelligenz in den Dienst Christi, damit die neue Generation mit demjenigen in Kontakt kommen und ihn kennenlernen konnte, der sie von Ewigkeit her liebt.

Carlos wünschte sich, dass auch seine Schulkameraden zu Freunden Jesu werden sollten, dass sie in ihm den Sinn des

Lebens finden und nicht nur auf dieser Erde, sondern auch in der Ewigkeit glücklich werden sollten. Deshalb beschränkte er sich nicht darauf, ihnen zu helfen und für sie da zu sein, sondern er interessierte sich für ihre Seelen, er wollte, dass sie gerettet werden, er versuchte ihnen klarzumachen, dass die Freundschaft mit Christus jeden Tag durch Opfer gewonnen und aufrechterhalten werden muss. Das eifrige Gebet und der tägliche Empfang der Kommunion ist die Basis dafür, denn Carlo hatte verstanden, dass ohne die göttliche Gnade alle Bemühungen nutzlos sind.

Seine Freunde wussten, dass Carlo ihr Bestes wollte, ihr Glück, und sich nicht mit Halbheiten und Kompromissen zufriedengab. Er scheute sich nicht, klar und deutlich zu sprechen und diejenigen zurechtzuweisen, die auf dem falschen Weg waren. Er ging sogar so weit, die Betreffenden brüderlich zu korrigieren und zu ermahnen. Sein Ziel war es, die Seelen aufzurütteln, ihnen bewusst zu machen, dass Christus an ihrer Seite ist und an die Tür ihres Herzens klopft, um einzutreten und mit ihnen in Verbindung zu sein. Carlo eilte zu seinen Freunden, nachdem er den verborgenen Schatz entdeckt hatte, damit auch sie daran teilhaben und sich an diesem kostbaren Schatz erfreuen konnten. Mit seinem großen Einsatz hat er viele Menschen angesteckt. Einige unter ihnen, die aus Indien stammten und anderen Religionen angehörten, stellten sich die Frage, ob Christus, von dem Carlo sprach, wirklich der Gott ist, für den es sich zu leben lohnt. Und es gab Bekehrungen …

Wenn man Carlos Leben betrachtet, stellt sich die Frage: Was ist das Geheimnis, das hinter seiner Ausstrahlung steht? Wir können diese Frage beantworten, indem wir berücksichtigen, was seine Freunde erkannten, nämlich dass in seinem Leben jemand präsent war, der von seinem Herzen Besitz ergriffen hatte, und dass er von Natur aus offen, hilfsbereit und spontan war. Er wollte sich nützlich machen und sich für das

Wohl der anderen einsetzen, sei es für seine engsten Familienangehörigen, seine Freunde oder jemanden, den er auf der Straße traf.

Mit seinen guten Taten machte Carlo weder einen Unterschied zwischen Freunden und Bekannten noch zwischen Menschen verschiedener Rassen oder Religionen. Wenn er jemandem begegnete, dessen Leben auf den Kopf gestellt war, wollte er ihn mit seinen Nächsten bekannt machen. Zu diesem Zweck nutzte er seine Mitteilsamkeit, die Teil seines Wesens war, und seine Extravertiertheit, und stellte sie in den Dienst der Verkündigung Jesu. Tatsächlich konnte Carlo den Reichtum, den er in der Begegnung mit dem Auferstandenen entdeckt hatte, nicht für sich behalten. Er spürte den brennenden Wunsch in sich, ihn mit anderen zu teilen. So wurde Carlos natürliche Freundlichkeit zu einem kostbaren Geschenk Gottes, um sein Reich zu verkünden. Doch der Junge beschränkte sich nicht auf die einfache Verkündigung, sondern er lebte und verkörperte sie in seiner eigenen Existenz und gab sie, die aus seiner persönlichen Erfahrung stammte, weiter. Er war ein Zeuge dafür, dass es möglich ist, nach den Geboten des Evangeliums zu leben, und dies war auch eine Bestätigung dafür, dass ein Leben in der Einheit mit Jesus schon jetzt durchführbar ist, wenn auch unvollkommen. Sein jugendlicher Überschwang offenbarte die Echtheit seiner spirituellen Erfahrung: Er war kein Theoretiker, kein Akademiker, kein Denker, sondern vielmehr ein Mensch, der sich täglich mit den Problemen des Lebens auseinandersetzte, sie aber mit Blick auf die Ewigkeit beurteilte und interpretierte.

Wie konnte Carlo in seinem jungen Alter zu einer solchen inneren Reife gelangen? Nun, das ist in etwa so, wie es bei der heiligen Therese vom Kinde Jesus geschah, die 1887 im Alter von erst 14 Jahren die Offenbarung der von ihr zu erfüllenden Mission erhalten hatte. So schreibt die Heilige in dem Buch *Geschichte einer Seele*: »Als ich eines Sonntags die Fotografie [eines Bildes] unseres Herrn am Kreuz betrachtete, war ich betroffen vom Blute, das aus einer seiner göttlichen Hände floss. Ich empfand tiefen Schmerz beim Gedanken, dass dies Blut zur Erde fiel, ohne dass jemand herzueilte, es aufzufangen. Ich beschloss im Geiste, meinen Standort am Fuße des Kreuzes einzunehmen, um den fließenden göttlichen Tau aufzufangen, und begriff, dass ich ihn nachher über die Seelen ausgießen müsse ... Der Schrei Jesu am Kreuz hallte ununterbrochen in meiner Seele wider: ›Mich dürstet!‹ Diese Worte entfachten in mir ein unbekanntes, heftiges Feuer ... Ich wollte meinem Vielgeliebten zu trinken geben und ich fühlte mich selbst vom Durst nach Seelen verzehrt ... Noch waren es nicht Priesterseelen, zu denen es mich hinzog, sondern die der großen Sünder, ich brannte vor Verlangen, sie den ewigen Flammen zu entreißen ...«[4] Es scheint angebracht zu sein, die Erfahrung der heiligen Therese mit der von Carlo zu vergleichen, denn sie sind sehr ähnlich, selbst wenn man die unterschiedliche Zeit und Umgebung berücksichtigt. Das zentrale Element ist jedoch dasselbe: Beide machen die lebendige Erfahrung der Barmherzigkeit Gottes, beide werden durch die unendliche Liebe Jesu beeindruckt, der für die Menschen am Kreuz gestorben ist, und beide suchen nach Wegen, ihn zu trösten. »Durch seine Wunden seid ihr geheilt«, schreibt der Apostel Petrus in seinem 1. Brief, und diese Wahrheit prägte sich in das Herz des kleinen Carlo ein, der in großem Eifer für ihn entbrannt war. Er wollte auch seinen Brüdern und Schwestern helfen und hatte die Mittel dazu klar vor Augen: die Verdienste Jesu, die Eucharistie und den heiligen Rosenkranz. Aus diesen unermesslichen Schätzen der göttlichen Barmherzigkeit schöpfte er, um den Sündern zu helfen, die Zweifler zu überzeugen und die Lauen mit seiner Begeisterung anzustecken.

So sagte die heilige Therese: »Oh! Seit dieser einzigartigen Gnade wuchs meine Begierde, Seelen zu retten jeden Tag, mir war, ich hörte Jesus zu mir sagen wie zur Samariterin: ›Gib mir zu trinken.‹ Es war ein wahrer Tauschhandel der Liebe; den Seelen gab ich das Blut Jesu, und Jesus bot ich ebendiese vom göttlichen Tau erquickten Seelen an, so glaubte ich, seinen Durst zu stillen, und je mehr ich ihm zu trinken gab, desto größer wurde der Durst meiner armen kleinen Seele, und diesen brennenden Durst gab er mir als den köstlichsten Trank seiner Liebe …« Und auch Carlo versuchte auf seine Weise sein Bestes, um den Durst Jesu zu stillen, und er erkannte gleichzeitig, dass die Seelen um den Preis des Blutes Christi gerettet werden. Carlo versuchte, mit dem Herrn zusammenzuarbeiten, um zu verhindern, dass die Seelen der Sünder auf endgültige Weise abstürzen und somit ihre Freundschaft mit Gott verlieren.

In ihrem berühmten *Traktat über das Fegefeuer* beschreibt die große Mystikerin, die heilige Katharina von Genua, die Leiden der Seelen im Fegefeuer wie folgt: »Wenn also die Seele das sieht und ihr Gott in seinem Lichte zeigt, dass sie sich in jenem Hindernis befindet, aufgrund dessen sie noch nicht dieser Anziehungskraft der einigenden Liebe Gottes, die er ihr zuwendet, folgen kann; und wenn die Seele dann auch noch einsieht, was es für sie bedeutet, noch zurückgehalten zu werden und das göttliche Licht noch nicht schauen zu können; und wenn dazu noch jener Drang in der Seele kommt, die ohne Hindernis sein möchte, um sich von dieser einigenden Liebe anziehen zu lassen, so sage ich, dass die Erkenntnis all dieser vorhin genannten Dinge das ist, was jene schmerzliche Qual erzeugt, die die Seelen im Fegfeuer erleiden.«[5]

Die Vertrautheit mit diesen Texten weckte in Carlos Herz das Bedürfnis, diese Seelen zu trösten. Er selbst sagte, dass er seinen großen Eifer für die Rettung der Seelen aus der Eucharistie schöpfe. Er beschränkte sich nicht darauf, seine Familienmitglieder zu lieben, sondern er erweiterte sein Aktionsfeld auf die am weitesten entfernten Menschen. Seine Nächstenliebe war authentisch, sie geschah nicht aus Eigennutz oder zu einem anderen Zweck als dem, den Menschen wirklich Gutes zu tun. Das paulinische Motto *Caritas Christi urget nos* [»Die Liebe Christi drängt uns«] war im Leben dieses Jungen wirklich präsent: Er machte es sich zu eigen und setzte es in konkrete Werke um, ohne sich auf schöne Worte oder Konzepte zu beschränken. Dieser ständige Ansporn führte ihn dazu, Zeit und Geld für die Armen zur Verfügung zu stellen, und brachte ihn in Kontakt mit einigen karitativen Einrichtungen der Diözese Mailand. Was konnte er mehr tun, als seine Eltern und Verwandten von der Notwendigkeit der Hilfe für die Armen und Hilfsbedürftigen zu überzeugen? Andererseits müssen wir bedenken, dass Carlo als Jugendlicher nicht über genügend Geldbeträge verfügte, um wer weiß welche Almosen zu geben, aber nach seinen Möglichkeiten spendete er gerne alles, was er hatte.

Wegen dieser Großherzigkeit warteten viele Obdachlose und Bedürftige auf ihn und empfingen ihn mit Freude, wenn er bei ihnen vorbeikam. Wer in Not war, scheute sich nicht, sich an ihn zu wenden, weil er sich sicher war, in ihm jemanden zu finden, der bereit war zuzuhören und sich seinen Brüdern und Schwestern zuzuwenden, ohne irgendwelche Ansprüche oder Unsicherheiten. Für viele Menschen war Carlo so etwas wie das Salz der Erde, das allen Speisen Geschmack verleiht. Seine Anwesenheit warf Fragen auf, ließ niemanden gleichgültig, regte zum Nachdenken an, bot die Möglichkeit zur Einsicht und zur Gewissenprüfung bezüglich des eigenen Verhaltens. All dies geschah in einer Atmosphäre der Freude und Gelassenheit, jenen beiden Eigenschaften, die den Jungen in den Augen derer, die ihn kennenlernten, auszeichneten. Vergessen wir seine Ermutigungen und sein Beispiel nicht, damit auch wir die volle Gemeinschaft mit Gott erlangen und so am Hochzeitsmahl teilnehmen können, an dem Carlo bereits in der Gemeinschaft der Heiligen teilnimmt.

Mein großer Dank gebührt S. E. Dom Michelangelo Tiribilli, dem Generalabt der Benediktinerkongregation *St. Maria von Monte Oliveto Maggiore,* für das Vorwort zu diesem Buch, und Carlos Eltern, die uns die Möglichkeit gaben, Carlo kennenzulernen, der seine Mitschüler und uns alle lehren kann, den Herrn immer mehr zu lieben durch sein leuchtendes Beispiel der Liebe zur Eucharistie und zum heiligen Rosenkranz.

1. Kapitel
Eine kurze Biografie von Carlo

Die ersten Lebensjahre

Es war der 3. Mai 1991, als Carlo Acutis in der Metropole London geboren wurde. Seine Eltern, Andrea und Antonia, waren aus beruflichen Gründen dort und erlebten die Geburt ihres ersten Kindes in einer bekannten Klinik der Stadt. Sie hatten sofort den Eindruck, dass Carlo ein fröhliches und lebhaftes Kind war. Nach seinem ersten Schrei öffnete er seine Augen und es sah so aus, als ob er seine Umgebung betrachtete. Der Kleine war die große Freude seiner Mutter und seines Vaters sowie seiner Großeltern mütterlicher- und väterlicherseits und seiner Urgroßmutter Adriana, die extra aus Italien angereist war, um ihr Enkelkind willkommen zu heißen. Die Geburt eines Kindes ist für jede Familie ein Grund zum Feiern, denn sie ist ein greifbares Zeichen dafür, dass Gott an die Menschheit glaubt und auf die Fähigkeit der Menschen vertraut, mit ihm zusammenzuarbeiten, um eine bessere Welt zu schaffen. Carlo hatte das Glück, in eine christliche Familie geboren zu werden. Alle versammelten sich um das Baby, das bereits mit offenen Augen um sich schaute. Diese Fähigkeit zu hinterfragen, sich für die Dinge zu interessieren, die um ihn herum geschahen, war eine von Carlos Haupteigenschaften, die er im Laufe seines Heranwachsens mehr und mehr entwickelte und die ihn dazu führte, sich mit den Themen zu beschäftigen, die ihm am Herzen lagen, wie zum Beispiel sein katholischer Glaube, die Erforschung der Religionen, die Informatik, Malerei, Filme und die Zoologie.

Wie in jeder christlichen Familie beschlossen seine Eltern, ihn durch die Taufe in die Gemeinschaft der Gläubigen einzufügen, die ihm einige Tage später, am 18. Mai, in der Kirche *Our Lady of Dolours* in London gespendet wurde. Diese Kirche ist Unserer Lieben Frau von Fatima geweiht, was eine der besonderen Verehrungen vorwegzunehmen scheint, die Carlo in seinem Leben entwickeln sollte. Der Kleine hegte später tatsächlich eine große Zuneigung zum Unbefleckten Herzen Mariens und bewahrte die Worte der Jungfrau, die sie als Botschaft den drei Hirtenkindern verkündet hatte, in seinem Herzen.

Um ihr Glück über die Geburt ihres Enkelkindes zum Ausdruck zu bringen, wollten die Großeltern auch Carlos Taufpaten sein: Großvater Carlo und Großmutter Luana mütterlicherseits waren seine Taufpaten. Antonia, seine Mutter, war von solcher Freude über die Geburt und Taufe ihres Sohnes erfüllt, dass sie vom Konditor einen Kuchen in Form eines kleinen Lammes backen ließ. Sie wählte dieses Symbol, um dem Herrn Jesus für das Geschenk ihres Sohnes zu danken und ihm dieses Kind anzuvertrauen. In jenen Tagen herrschte im Haus der Familie Acutis in London eine Atmosphäre des Glücks und der Fröhlichkeit, um einen Ausgleich zum grauen Alltag des Finanz- und Geschäftslebens der Stadt zu schaffen. Während des Tages hielt seine Mutter manchmal inne, um das neugeborene Kind zu betrachten. Wie viele Erwartungen, wie viele Hoffnungen, wie viele Gedanken gingen ihr und Andrea durch den Kopf, wenn sie das kleine Kind betrachteten, das ihr Leben mit Freude erfüllte. Was würde aus ihm wohl werden? Zunächst hatten sie ihm das Leben geschenkt und ihm somit die Möglichkeit gegeben, ein Jünger Christi zu werden.

Später sagte Carlo über die Taufe, dass sie sehr wichtig sei, »weil sie den Seelen ermöglicht, in das göttliche Leben eingegliedert und somit gerettet zu werden. Die Menschen sind sich nicht bewusst, welch unendliches Geschenk das ist, und abgesehen von den Zuckermandeln, den Bonbonnieren und dem weißen Kleidchen, das die Leute üblicherweise mit Spitzen verziert haben möchten, beschäftigen sie sich überhaupt nicht damit, welche Bedeutung dieses große Geschenk hat, das Gott den Menschen macht.«

Carlo wurde nie allein gelassen. Er wurde nicht nur von seiner Mutter, sondern auch von den Kindermädchen gefüttert, versorgt und beaufsichtigt. Carlos erste Kindermädchen waren zwei Engländerinnen, die sehr gut mit dem kleinen, jedoch lebhaften Kind umgegangen sind. Sie haben auch gewusst, wie man ihn nehmen musste. Manchmal führte der große Eifer, mit dem sie sich um das Kind kümmerten, zu Übertreibungen. Carlos Mutter hat sich daran erinnert, dass sie das erste Kindermädchen, das aus Schottland stammte, bei einer Gelegenheit entdeckte, als sie den Schnuller in einen alkoholhaltigen englischen Sirup namens *Calpol* tauchte. Der Mutter und dem Vater war schon seit einiger Zeit etwas Merkwürdiges aufgefallen, denn das Kind »roch nach Alkohol wie ein Trinker«. Das Kindermädchen, das auf frischer Tat ertappt wurde, entschuldigte sich und erwiderte, dass Alkohol den Kindern beim Einschlafen helfe. Stellen Sie sich vor, wie Carlos Eltern lachten, als sie das hörten!

Ein anderes Mal wurde dasselbe Kindermädchen schlafend neben Carlo aufgefunden. Beide waren mit Flecken bedeckt, die wie *geronnenes Blut* aussahen, als hätte man ihnen im Schlaf »die Kehle durchgeschnitten«. Das Rätsel wurde sofort gelöst, denn das Kindermädchen mochte Schokolade sehr gerne und aß sie ständig. Bei dieser Gelegenheit war sie eingeschlafen, ohne die Tafel Schokolade in die Küche zurückgebracht zu haben. Somit schmolz die Schokolade durch die Körperwärme, wodurch die Bettwäsche ziemlich verschmutzt wurde.

Das andere Kindermädchen war irischer Herkunft, und als die Familie im September 1991 nach Mailand zurückkehrte, kam sie mit und blieb fast ein Jahr lang. Auch dieses zweite Kindermädchen hatte ein etwas seltsames Verhalten: Carlos Eltern erinnern sich, dass sie kein Leitungswasser trinken wollte, weil, wie sie ihnen versicherte, das »italienische Wasser für die Gesundheit gefährlich ist, weil es viele Bakterien enthält«. Tatsächlich stellte sie sich Italien als ein unterentwickeltes Land vor mit mangelhafter Hygiene. Antonia und Andrea amüsierten sich sehr über diese zählebigen Vorurteile und lachten von Herzen über diese Aussage, denn sie waren an die Kritik vieler Ausländer gewöhnt, nach deren Meinung die Italiener ein Volk der »Spaghetti, Pizza und Serenaden« sind.

Im Alter von vier Jahren meldeten Carlos Eltern ihn im Kindergarten an, den er mit großer Begeisterung besuchte, da er als Einzelkind die Gesellschaft anderer Kinder liebte. Er war ein lebhaftes Kind, das sich bereits seine eigenen Überzeugungen gebildet hatte, die niemand widerlegen konnte. Seit seinen ersten Lebensjahren war er besonders friedliebend und reagierte nie, selbst wenn ihn einer seiner Kameraden verprügelte. Trotz des Drängens des neuen polnischen Kindermädchens, das als Ersatz für das nach England zurückgekehrte englische Kindermädchen eingestellt worden war, änderte Carlo sein ruhiges und friedliches Verhalten nicht. Oft ärgerte sich das polnische Kindermädchen sogar über ihn, weil sie wollte, dass er sich aggressiver gegen die Spötteleien der anderen Kinder im Kindergarten zur Wehr setzen sollte, aber es half nichts. Das Kindermädchen, das slawischer Herkunft war und über einen starken Charakter verfügte, war gewohnt, Kinder zu betreuen, die nicht dazu neigten, »Muttersöhnchen« zu sein wie die italienischen, und sie hatte den Eindruck, dass Carlo »zu gut« war. Trotz ihres Drängens gelang es ihr nicht, ihre Einstellung auf ihn zu übertragen, und er antwortete ihr: »Der Herr wäre nicht erfreut, wenn ich gewalttätig reagieren würde.« [Dieses polnische Kindermädchen, das selbst noch sehr jung und tiefreligiös war, vermittelte Carlo die Grundzüge des Glaubens und lehrte ihn die ersten Gebete.]

Carlo war schon immer ein sehr gesprächiger Junge und es ist kein Zufall, dass er sein erstes Wort »Papa« im Alter von nur drei Monaten und »Mama« im Alter von vier Monaten sagte. Alle, die ihn kannten, entdeckten bereits in frühen Jahren seine große Kommunikationsfähigkeit, die ihn für alle, mit denen er in Kontakt kam, liebenswert und sympathisch machte. Er war sehr spontan, hatte immer ein offenes Ohr für die Bedürfnisse der anderen und kam mit allen gut aus. Sein großer Vorzug war, dass er sich von allen geliebt wusste. Es gelang ihm, selbst die Erwachsenen zu erobern, die üblicherweise sagten, dass sie Kinder nicht mögen. Er war nie bockig, sondern immer gut gelaunt.

In diesem Zusammenhang sagte ein anderes Kindermädchen, das ihn gut kannte: »Ich erinnere mich, dass Carlo immer ein Kind war, das einem Engel glich, mit einem großen Glauben an Gott. Er strahlte auch eine große Reinheit aus, die man spüren konnte, wenn man in seiner Nähe war. Zu seinen Tugenden gehörte auch die Demut. Anderen gegenüber war er großzügig, und ich erinnere mich, dass er, als er klein war, nie reagierte, wenn er von aggressiven Gleichaltrigen verprügelt wurde, und wir ärgerten uns über ihn, weil wir zu ihm sagten, dass er reagieren und sie auch verprügeln sollte, aber wir konnten ihn nicht überzeugen.«

Andere Frauen, die mit der Familie befreundet waren, bewahrten nach vielen Jahren noch eine liebevolle Erinnerung an Carlo in ihrem Herzen: »Jetzt, da er nicht mehr unter uns weilt, werde ich ihn in meinen bescheidenen Gebeten anrufen, damit er von oben herab als unser Engel immer über uns alle wacht und uns in Zeiten der Hoffnungslosigkeit beschützt.« Und weiter: »Tatsächlich waren die Momente, in denen er die Gesellschaft von Gleichaltrigen suchte, selten. Er hatte immer mystische und asketische Züge, die ihn von den anderen unterschieden.« Viele Freunde der Familie waren vom Gesicht des Jungen beeindruckt, das eine Unschuld ausstrahlte, die fast der eines kleinen Engels glich: »Der Schmerz, den ich empfand, als ich von seinem Tod erfuhr, wobei es mir schwerfiel, daran zu glauben, verwandelte sich in die Gewissheit, dass er wirklich ein Engel war, der vom Herrn gesandt wurde, um uns zum Nachdenken zu bringen und unsere Herzen zu erwärmen. Der Schmerz bleibt, aber daran zu glauben, dass er im Himmel weiterhin fröhlich ist, ist ein Trost für mich.«

Carlos Kindheit

Während seiner Kindheit verbrachte Carlo die meiste Zeit im Sommer, von Mai bis September, im Haus seiner Großeltern mütterlicherseits in Centola, einem kleinen Touristenort in der Provinz Salerno, der sich auf einer Anhöhe befindet, von einer sehr schönen Vegetation umgeben ist und einen Blick auf das Meer freigibt. Es war das Haus von Carlos Urgroßeltern, die aus dieser Gegend stammten: Die Großmutter seiner Mutter Antonia war Gutsbesitzerin und wurde in New York in einem Haus in der Nähe der späteren Zwillingstürme geboren. Carlos Urgroßmutter war allen bekannt und wurde von ihnen geschätzt, weil sie viele gute Werke für Bedürftige vollbrachte, und noch heute ist ihr Andenken bei den Fischern in den Häfen von Neapel und Salerno lebendig, die ihre Bitten an sie richten, weil sie sagen, dass sie durch ihre Fürsprache große Gnaden erhalten haben. Wenn Carlo in Centola war, hat er üblicherweise den Vormittag und einen Teil des Nachmittags am Meer verbracht. Dort hat er am Strand auch immer zu Mittag gegessen mit einem Brötchen und etwas Obst. Er hat auch gerne das Obst direkt von den Bäumen im Garten seines Großvaters gepflückt. Das hat ihm viel Spaß gemacht. Die geernteten Früchte hat er dann oft als Geschenk zu den Menschen gebracht, die ihn darum gebeten haben. In dieser natürlichen Umgebung mit der ländlichen Ruhe nahm der Junge eine einfache und warmherzige Atmosphäre in sich auf, die ganz gewiss zur Entwicklung seiner offenen und spontanen Persönlichkeit beigetragen hat. Mit seiner liebenswürdigen und aufrichtigen Art gelang es Carlo, sich mit allen Bewohnern des Städtchens anzufreunden, die ihn wegen seiner Liebenswürdigkeit und seiner sympathischen Art sehr schätzten.

Carlo war gerne mit anderen zusammen und neigte von Natur aus dazu, mit anderen Menschen Kontakt aufzunehmen und neue Freundschaften zu knüpfen. Sein extrovertierter Charakter führte dazu, dass er für viele Menschen zum Freund wurde. Bei einem dieser Ferienaufenthalte in Centola hielt er sich bei seiner Großmutter mütterlicherseits auf, die zu einem Abendessen anlässlich des 70. Geburtstags eines guten Freundes eingeladen war. Um Carlo nicht allein zu Hause zu lassen, nahm seine Großmutter ihn mit, da er damals erst 12 Jahre alt war, und obwohl er so gut wie niemanden der Anwesenden kannte, hatte er sich bis zum Ende des Abends mit allen angefreundet, wie der Gastgeber bezeugt: »Alle hatten mich gefragt, wer dieser Junge sei, der so nett und umgänglich war, und einige der Eingeladenen hatten mir erzählt, dass sie sich mit dem Jungen über viele Themen sehr gut unterhalten konnten und sie überrascht waren, dass Carlo erst 12 Jahre alt war.«

Eine andere Frau aus Centola schrieb über ihn: »Er war ein außergewöhnliches Kind und verfügte über viele Fähigkeiten. Seit der Zeit, als er noch ein kleiner Junge war, traf ich ihn jeden Tag bei der Messe. Er war freundlich, sehr höflich und großzügig. Ich war immer beeindruckt von seiner Haltung, wenn er die Kommunion empfing – er sah wie ein kleiner Engel aus. Carlo grüßte mich immer und ich erinnere mich noch an seine Augen und sein lächelndes Gesicht. Vom Fenster aus habe ich ihn oft beobachtet, wenn er mit den anderen Kindern auf dem kleinen Platz gespielt hat oder mit den Hunden spazieren gegangen ist. Nie hat er Schimpfwörter benutzt oder geschrien, nie habe ich ihn mit den anderen Kindern streiten sehen, auch wenn sie sich herausfordernd gegen ihn benommen haben.«

Eine Nachbarin, die nebenan gewohnt hat, bezeugt: »Carlo war immer nett zu allen, und da es damals im Dorf üblich war, jeden zu grüßen, dem man begegnete, grüßte er jeden und blieb oft stehen, um sich mit denen zu unterhalten, die er gut kannte. Er war ein sehr höfliches Kind und ich habe nie gehört, dass er Schimpfwörter benutzt hat oder ungezogen war. Ich habe jedoch gesehen, dass er jeden Tag die Messe besucht hat.«

Eine andere Frau aus Centola, die ihn sehr gut kannte, erinnert sich: »Er war ein sehr höflicher Junge ... Die ganze Stadt ist sehr traurig gewesen, als die Menschen vom plötzlichen und unerwarteten Tod Carlos erfahren haben ... Carlo war ein vorbildliches Kind. Jeder sollte versuchen, ihn nachzuahmen, sowohl wegen seines großen Glaubens an Gott als auch wegen seiner Bescheidenheit und seiner Erziehung, die aus einer anderen Zeit zu stammen schien. Nachmittags, wenn er vom Meer zurückkam, besuchte er jeden Tag die Messe.«

Carlo war in dem Ort, in dem er immer die Ferien bei seiner Großmutter verbrachte, so bekannt, dass die Bauern Obst und frische Eier als Geschenk für ihn vorbeibrachten. Er wurde als zu ihnen gehörig betrachtet, als einer ihrer Söhne, und diese Geschenke bereiteten ihm große Freude. In Centola trafen seine Großeltern zufällig eine sehr nette polnische Studentin, die sich bereit erklärte, ihn zu beaufsichtigen und sich um ihn zu kümmern. Diese junge Frau blieb ungefähr vier Jahre lang bei Carlo und wurde fast eine zweite Mutter für ihn. Sie hat viele Erinnerungen an ihn bewahrt und ihre Zuneigung mit folgenden Worten beschrieben: »Als ich Carlo zum ersten Mal sah, war ich überrascht, wie sehr er den ›kleinen Engeln‹ auf einem Gemälde glich, das ich in einem berühmten italienischen Museum gesehen hatte. Carlos Augen schienen von innen heraus zu leuchten. Ganz sicher war seine Spiritualität die eines ›Heiligen‹, denn ein Kind, das jeden Tag zur Messe geht und den Rosenkranz betet, wie er es tat, trifft man nicht so leicht ein zweites Mal! Auf einer kleinen Wallfahrt, die wir zum Heiligtum von Pompeji zusammen mit seiner Mutter unternahmen, als er etwa fünf Jahre alt war, hatte ich die Gelegenheit, die große Verehrung zu sehen, die Carlo für die Gottesmutter hegte. Er ließ sich dazu anleiten, die besondere Weihe an Unsere Liebe Frau vom Rosenkranz von Pompeji zu machen, und danach beteten wir alle zusammen den Rosenkranz vor dem wundertätigen Bild der Gottesmutter.«

Eine weitere Eigenschaft, die ihn auszeichnete, war seine große Fügsamkeit und sein Gehorsam gegenüber seinen Eltern und anderen Erziehern.

Zu Beginn seiner Schulpflicht wurde Carlo in der Schule *San Carlo*, einer bekannten und renommierten Privatschule in Mailand, eingeschrieben. Nach drei Monaten ließ ihn seine Mutter jedoch die Schule wechseln. Er besuchte fortan die Grundschule des *Istituto Marcelline Tommaseo*, die von den Marcellina-Schwestern geleitet wurde. Der Grund dafür war, dass diese Schule in geringer Entfernung zum Haus der Familie lag. Obwohl Carlo anfangs sehr traurig war, die Schule *San Carlo* verlassen zu müssen, gewöhnte er sich schnell an die neue Umgebung. Er fand dort eine überaus warmherzige und familiäre Atmosphäre vor. Einige Schwestern, die an der Pforte der Schule arbeiteten, sagten über ihn: »Ich kannte Carlo schon seit der Zeit, als er die Grundschule besuchte, und er fiel mir sofort als ein ganz besonderes Kind auf. Schwester Andreina, die ihn genauer beobachtete, erzählte mir immer mit Begeisterung von Carlo. Auch in den darauffolgenden Jahren habe ich ihn als einen ruhigen, respektvollen, sehr lebhaften, aber gehorsamen Jungen in Erinnerung. Er liebte die Gesellschaft der anderen und war immer von seinen Mitschülern umgeben. Auch gegenüber uns Schwestern an der Pforte war er sehr höflich: Beim Betreten und Verlassen der Schule begrüßte er uns respektvoll und mit einem freundlichen Lächeln. Möge sein Beispiel eine Hilfe für viele Jugendliche sein.«

Eine andere Marcellina-Schwester erinnerte sich mit großer Achtung an ihn: »Ich habe Carlo bereits in den ersten Tagen seiner Grundschulzeit kennengelernt. Er hat sich immer gut benommen, war pünktlich, respektvoll, fleißig, liebevoll, auch zu denen, die er nicht näher kannte. Er mochte uns und zeigte das mit seinem schönen Lächeln.«

Carlo war allen gegenüber, denen er begegnete, ein sehr aufgeschlossener und hilfsbereiter Junge. Diesbezüglich gibt es einige bezeichnende Zeugnisse von Hausmeistern, zumeist Ausländern, die er grüßte, wenn er mit dem Fahrrad vorbeifuhr. Viele von ihnen waren von Carlos Freundlichkeit und Bescheidenheit überrascht und wunderten sich darüber, dass er als Italiener sie wahrnahm, da sich sonst niemand so verhielt wie er:

»Ich habe als Hausmeister in einem Gebäude gearbeitet und habe Carlo Acutis kennengelernt, weil er mich immer grüßte. Ich erinnere mich an seine Freundlichkeit, Bescheidenheit und Höflichkeit. Er war ein sehr religiöser Junge, der häufig die Kirche besuchte. Durch sein Verhalten bewies er, dass er uns als Ausländer nicht anders behandelte als seine italienischen Freunde. Er benahm sich so, dass wir uns wohlfühlten.«

»Ich bin Hausmeister eines Gebäudes in der Via Ariosto und bezeuge, dass ich Carlo Acutis gekannt habe. Jeden Morgen und Nachmittag kam er vorbei und grüßte mich. Er blieb oft stehen, um sich mit mir zu unterhalten. Er war ein sehr netter Junge, sehr gut, sehr einfach, und ich habe mich in seiner Nähe wohlgefühlt, obwohl ich einer anderen Nationalität angehöre. Carlo war sehr intelligent und schien älter zu sein, als er tatsächlich war. Ich habe ihn während der Woche immer gesehen, als er zur Messe ging.«

Auch die Hausmeisterin des Gebäudes, in dem Carlo wohnte, bezeugt: »In seiner Treuherzigkeit kam er jedem, mit dem er ins Gespräch kam, mit Ausgeglichenheit und Fröhlichkeit entgegen. Er diskutierte mit jenen, die nicht mit ihm übereinstimmten, mit großer Reife, ohne jemals den Respekt und seine entwaffnende Lebensfreude aufzugeben, die wirklich ansteckend war. Ein paar Augenblicke mit ihm genügten, um alles mit mehr Optimismus zu betrachten. Carlo war ein sehr bescheidener Junge, obwohl er in einer wohlhabenden Familie aufwuchs. Er achtete darauf, seine Gesprächspartner – ungeachtet ihrer sozialen oder religiösen Zugehörigkeit – niemals herabzusetzen.«

Diese Zeugnisse bestätigen Carlos große Offenheit gegenüber anderen Menschen, unabhängig von ihrer Herkunft, Rasse oder Religion. Er achtete nicht auf die Äußerlichkeiten, sondern auf das Innere und sah in jedem Menschen ein Geschöpf, das willkommen war. Dabei half ihm sicherlich seine Fähigkeit, mit den Leuten Kontakt aufzunehmen und sich mit ihnen zu unterhalten, wobei er sie mit seiner Unkompliziertheit und Freundlichkeit dazu brachte, sich in seiner Gegenwart wohlzufühlen.

Carlo war ein Junge, der wie viele andere auch Zeichentrickfilme liebte, und zwar so sehr, dass er seine Lieblingsfiguren bis zur Perfektion zeichnen konnte. Bis zu seinem 15. Lebensjahr bewahrte er immer seine Lieblingsfigur *Pikachu* aus der Pokémon-Videospielserie auf. Die Pokémons entwickeln sich mithilfe der verschiedenen Trainer zu stärkeren fiktiven Wesen. Gewinner des Spiels ist derjenige, dem es gelingt, sein Tierchen am besten zu trainieren. Neben Zeichentrickfilmen liebte Carlo auch besonders die Hunde, die mit ihrer Lebhaftigkeit die Tage der Familie Acutis verschönerten.

Als *Briciola,* die neue Zwergdobermann-Hündin, ins Haus kam, brach ein Wettstreit darüber aus, wer das Tierchen *Pikachu* bei sich haben durfte. Carlo war nämlich gezwungen, sein geliebtes Tierchen im Kleiderschrank zu verstecken, denn der Hund war darauf fixiert und wollte es um jeden Preis haben. Jeden Tag wiederholten sich die gleichen Szenen im Haus: Auf der einen Seite befand sich Carlo, der *Pikachu* versteckt hatte, und auf der anderen Seite *Briciola,* die so lange bellte, bis sie auch mit dem Tierchen spielen durfte.

Viele, die Carlo gekannt haben, bestätigen, dass er die seltene Fähigkeit besessen hat, sein tiefes, von der täglichen Eucharistie genährtes Innenleben mit seiner natürlichen Geselligkeit und seiner großen Lebensfreude perfekt und harmonisch zu verbinden.

Einer der Mitarbeiter der »Kongregation für die Glaubenslehre« erinnerte sich an ein Treffen mit Carlo in Assisi: »Er hat bei mir einen ausgezeichneten Eindruck hinterlassen: Aus dem Meinungsaustausch, den ich mit ihm über verschiedene religiöse und kulturelle Fragen hatte, erschloss er sich mir als ein junger, gebildeter Heranwachsender, der mit soliden christlichen Grundsätzen aufgewachsen war, die er gut zu verinnerlichen, zu vertiefen und zu begründen wusste.

Bei jener Gelegenheit brachte er auch auf sehr einfache, aber gleichzeitig sehr entschlossene Weise seinen Plan zum Ausdruck, wie er als Erwachsener sein Leben gestalten wollte: sich für andere zu engagieren und dabei die Talente, die unser Herr ihm geschenkt hat, insbesondere seine intellektuellen Fähigkeiten und seine umfangreichen Computerkenntnisse, zu nutzen und bestmögliche Früchte tragen zu lassen.«

Ein Jesuitenpater, ein bekannter Professor am »Päpstlichen Orientalischen Institut« und am »Päpstlichen Bibelinstitut«, der die Gelegenheit hatte, Carlo mehrmals zu treffen, sagte über ihn: »Er war ein einfacher Junge mit einer außergewöhnlichen Aufrichtigkeit. Durch die eifrige Teilnahme an der Eucharistie reifte in ihm ein immer bewusster gelebter Glaube. Zweifellos hat er besondere Gaben erhalten, vor allem für die heutige Welt der Jugend. Er hinterlässt in mir eine unauslöschliche Spur des Lichts für mein Priestertum.«

Eine im interreligiösen Dialog erfahrene »Kleine Schwester der Gemeinschaft Charles de Foucauld« schrieb über Carlo: »Wir mochten uns gern und verstanden uns sofort. Wir hatten die besten Gespräche am Tisch: die Geschichten über meine Besuche in Indien, deine tiefgründigen Fragen über junge Menschen, deine Erörterungen über die Kirche, über das mündliche und kontemplative Gebet ... Du fragtest mich einmal eher provokativ: Was ist wichtiger? Sehr aktiv in der Freiwilligenarbeit zu sein und den Hilfsbedürftigen zu helfen oder zu beten, viel für das Heil der Seelen zu beten? Du hattest als Freiwilligenarbeit etwas anderes verstanden, nämlich dich zum *Lamm* zu machen und Gott zu erlauben, dich in deiner Blütezeit zu pflücken, weil der Himmel schon die reife Frucht sieht. Dein intelligentes und hingebungsvolles Lächeln ist für mich das lebendige Buch deiner Geschichte ... Und als du in jener Osterwoche den überraschenden Satz sagtest: ›Ich opfere ... für ...‹, hast du das Geheimnis der Fürsprache für die Seelen gelüftet.«

Ein Freund Carlos aus Apulien sagte über seine Reinheit: »Es scheint mir wichtig, in Bezug auf Carlos moralischen Aspekt den Duft hervorzuheben, den er von einem in Reinheit gelebten Leben ausströmte.«

Die Schule

Carlo ging wie alle anderen Kinder auch zur Schule. Er gehörte nicht zu den Besten seiner Klasse. An der Schule, an der er angemeldet war, gab es Mitschüler, die in bestimmten Fächern bessere Leistungen zeigten als er. Zwischen ihm und seinen Klassenkameraden entstand eine enge Freundschaft, auch wenn einige von ihnen seine Art, wie er das Leben betrachtete, nicht wirklich nachvollziehen konnten, weil sie meinten, dass er Dinge tat, die für sein Alter zu *intellektuell* und *spirituell* seien. Seine Freunde verstanden zum Beispiel nicht, warum Carlo seine Ferien immer in Assisi verbrachte, obwohl ihm finanzielle Mittel zur Verfügung standen, um in tropische Länder zu reisen oder an Orte, die gerade in Mode waren. Einige seiner Verwandten behaupteten, Carlo sei ein »Opfer seiner Eltern« gewesen, weil sie ihn in die Ferien nach Assisi mitnahmen anstatt an Orte, die seinem sozialen Status eher entsprochen hätten, aber kurz vor seinem Tod sagte Carlo zu seinem geistlichen Begleiter: »Assisi ist der Ort, an dem ich mich am glücklichsten gefühlt habe.«

Carlo unternahm auch Dinge, die für sein Alter als ziemlich ungewöhnlich angesehen werden: Er wendete manchmal viele Stunden auf, um Computerprogramme zu entwickeln, die seinen Freunden helfen konnten. Außerdem brachte er Stunden damit zu, Berechnungen anzustellen und unverständliche Formeln niederzuschreiben. Die Wertschätzung, die er in seiner Umgebung genoss, war ohne Zweifel hoch: Seine Klassenkameraden schätzten ihn auch wegen seiner hervorragenden Computerkenntnisse sehr. Carlo wiederum war immer bereit, sein Wissen mit denjenigen zu teilen, die lernen wollten, wie man den Computer benutzt, und er versuchte auch allen zu helfen, die ihre Computerkenntnisse verbessern wollten. Carlo war davon überzeugt, dass es heute enorm wichtig ist, mit dem Computer zu arbeiten und somit eine Kompetenz im Umgang mit dem Computer zu erwerben.

Dem Jungen wurden einhellig besondere und außergewöhnliche Fähigkeiten zugeschrieben, die es ihm ermöglichten, Dinge schnell und ohne Hilfe von Lehrern oder Dozenten zu lernen. Er war somit ein Autodidakt. Seine Mutter wunderte sich darüber, dass es ihrem Sohn gelungen war, allein Saxofon spielen zu lernen, was für einen Jungen seines Alters sicher nicht einfach war ... Carlo hatte eine sympathische Ausstrahlung und so gelang es ihm, seine Klassenkameraden zu begeistern und mit ihnen unterhaltsame Stunden in guter Atmosphäre zu verbringen. Er erzählte auch gerne Witze und nahm lustige Amateurfilme auf, die er dann seinen Freunden vorführte. Seine Einstellung zum Leben war eindeutig positiv. Er war ein Junge, der das Leben zutiefst liebte.

Carlo machte alles mit ganzem Einsatz, angefangen bei den kleinen Dingen. Dies zeigte sich zum Beispiel, als er zu kochen begann, weil er es lernen wollte, und zwar so gut, wie der Koch seiner Großeltern in Turin es konnte. Der Koch selbst, dem der Junge nacheifern wollte, erinnert sich: »Carlo war ganz gewiss ein außergewöhnlicher Junge, denn er interessierte sich sehr für meine Rezepte und man konnte sehen, dass es für ihn wichtig war, kochen zu lernen. Außerdem war er auch ein sehr respektvoller und höflicher Junge, und ich wage zu behaupten, dass er einzigartig war, denn ich habe in vielen Häusern gearbeitet und viele Menschen kennengelernt, darunter auch viele Jugendliche, und ich habe nie einen so sensiblen Jungen getroffen, der nach dem Mittagessen immer zu mir kam, um sich dafür zu bedanken, dass ich so gut gekocht hatte.«

Weil seine Mutter beruflich sehr engagiert war, was dazu führte, dass sie oft nicht zu Hause sein konnte, da sie unterwegs war, beschloss sie, für ihren Sohn jemanden zu suchen, der sich in ihrer Abwesenheit um ihn kümmerte. Sie fragte daher eine der Lehrerinnen, ob sie manchmal zu ihnen nach Hause kommen könnte, um Carlo bei seinen Hausarbeiten zu unterstützen. Diese Lehrerin begleitete Carlo viele Jahre lang und wurde für ihn zu einer besonderen Freundin. Da sie zudem noch jung war, redete und lernte der Junge gerne mit ihr.

In diesem Zusammenhang soll die Aussage einer Lehrerin wiedergegeben werden, die sich zu Hause um ihn kümmerte: »Ich erinnere mich besonders daran, dass Carlo seine Klassenkameraden unterstützte und ihnen half, wenn sie Schwierigkeiten in der Schule oder in der eigenen Familie hatten. Dieses großartige Verhalten beweist seine Großzügigkeit und Nächstenliebe, die Carlo seinen Nächsten stets entgegenbrachte. Carlo war den Schwestern, den Lehrern und seinen Mitschülern gegenüber immer sehr aufmerksam und empfindsam. Ich erinnere mich besonders daran, dass er immer, wenn in der Schule ein Weihnachtsmarkt stattfand, mit seinen Ersparnissen Geschenke für alle kaufte, und einmal schenkte er mir eine große, handbemalte Zierkerze. Carlo war ein sehr ausgeglichener, höflicher und umsichtiger Junge, der den Eindruck erweckte, älter zu sein, als er tatsächlich war. Auf ganz besondere Weise war er ein Junge, dessen Verhalten von Seelengröße und Demut geprägt war. Ich habe ihn auch nie mit dem Besitz seiner Familie prahlen hören. Seine Klassenkameraden rühmten sich oft, schöne Autos, Häuser und Geld zu haben, Carlo war hingegen immer diskret und redete nie über solche Dinge. Während seine Altersgenossen sich modisch kleideten, zeichnete Carlo sich durch seine Originalität aus und schien gegen all diese Dinge immun zu sein. Carlo beeindruckte mich, weil er immer zur Messe ging, und er wollte unbedingt, dass ich manchmal mitging. Ich werde diesen besonderen Jungen nie vergessen, der so anders als die anderen und so gut war. Ich bin mir sicher, dass Carlo dem Herrn sehr nahe war: Er hatte ein sehr schönes Bild von Jesus direkt an seinem Arbeitsplatz, an dem wir lernten, und … wehe dem, der es berührte. Jedoch möchte ich noch eines hinzufügen: Es dürfte schwierig sein, besonders in der heutigen Zeit, einen so unverdorbenen Jungen zu finden, wie er einer war.«

Während der gesamten Grundschulzeit wurde er von einer Lehrerin betreut, die für ihn wie eine »zweite Mutter« war, wie er seinen Eltern einmal gestand. Die Lehrerin selbst sagte, dass sie Carlos Tod wie den Tod eines Sohnes empfand: »Von klein auf hatte sich Carlo als ruhiges und höfliches Kind gezeigt. Kaum jemals machte er ›normalen‹, für sein Alter typischen Unfug, und er ließ sich nie auf etwas ›Unanständiges‹ mit seinen Mitschülern ein! Auch meinen Kolleginnen war er aufgefallen, denn er war immer ordentlich, adrett gekleidet … kurzum, ein echter angehender Gentleman. Beim Aufwachsen zeigte sich sein sehr gutes inneres Wesen, da er immer allen helfen wollte, die Hilfe benötigten. Ich bemerkte, dass seine Gutherzigkeit nicht zur Schau gestellt war, im Gegenteil … Carlo war sehr schüchtern: Als ich ihn zu seiner Freundlichkeit beglückwünschte, antwortete er, er habe nichts Außergewöhnliches getan … Tatsächlich war er außergewöhnlich! Er war bei seinen Mitschülern sehr beliebt und immer gesucht: Manchmal fungierte er als Friedensstifter bei Auseinandersetzungen, die täglich zwischen ihnen stattfanden und … dieser Einsatz gelang ihm hervorragend. Einer seiner Freunde steckte in erheblichen Schwierigkeiten, sowohl was das Lernen als auch die Teilhabe am sozialen Leben der Klasse anging: Carlo nahm ihn unter seine Fittiche und half ihm täglich mit unendlicher Geduld!«

Carlo war davon überzeugt, dass viele Modetrends das Resultat kommerzieller Spekulationen sind, und daher war er immer in klassisch zeitlosem Stil gekleidet. Seine Freunde lachten ihn oft aus, weil seine Art, sich zu kleiden, nicht dem aktuellen Modetrend entsprach.

Er mochte Kriminalfilme und auch Quizsendungen sehr, in denen Menschen mit Fragen zum Allgemeinwissen konfrontiert werden. Er besaß auch ein Videospiel, das an eine beliebte Fernsehquizsendung angelehnt war. Seine Mutter und Rajesh, der Hausangestellte, erzählten, dass Carlo seine Augen mit der Hand bedeckte, wenn im Fernsehen anstößige Sendungen oder eine entsprechende Werbung ausgestrahlt wurden.

Der Junge hatte viele Freunde, die er vor allem in der Schule kennengelernt hatte und mit denen er sich bis kurz vor seinem Tod noch traf. Einige seiner Klassenkameraden haben sich schriftlich geäußert, weil sie es für wichtig hielten, ihre Meinung über ihren Freund zu äußern, der so plötzlich und unerwartet gestorben war. Carlo traf sich mit seinen Freunden auch nach der Schule und manchmal aßen sie zusammen eine Kleinigkeit. Er blieb gerne bei ihnen, um sich mit ihnen zu unterhalten und auf dem kleinen Platz vor der Schule Fußball zu spielen.

Außerdem hatte Carlo auch viele Freundinnen, die ihn oft mehrmals am Tag anriefen. In der Familie dachten sie zuerst, dass es Verehrerinnen seien, aber dann merkten sie, dass es sich nur um einfache Freundschaften handelte. Carlo hatte eine Freundin, die er besonders mochte, weil sie sich sehr für seinen Computerunterricht interessierte. Diese Freundin bat ihn einmal um einen »kleinen Kuss«, weil ihr Freund sie verlassen hatte und sie deshalb deprimiert war. Carlo küsste sie auf die Wange, um sie zu trösten, und das war der einzige »kleine Kuss« seines Lebens, den er diesem überglücklichen Mädchen gegeben hat.

Einer seiner Klassenkameraden aus der Grundschule bezeugt: »Heute wollte ich etwas über meinen lieben Freund Carlo Acutis schreiben, aber ich habe gemerkt, dass es für mich sehr schwierig ist, weil die Betroffenheit und Sehnsucht mich überwältigt haben ... Carlo fehlt mir ... so sehr. Mir fehlt sein offenes Lächeln, seine überschwängliche Freude, seine aufrichtige, unendliche Gutherzigkeit, seine anregende Gesellschaft, seine uneigennützige Hilfsbereitschaft, kurzum, in einem Wort, seine echte Freundschaft. Carlo war für mich mehr als nur ein guter Freund: Er hat diese Freundschaft mit seiner Großzügigkeit und seinem Altruismus weit übertroffen. In der Schule hat er mich tatsächlich immer verteidigt, um mich vor den Gemeinheiten und Schikanen zu schützen, mit denen unsere Mitschüler mich manchmal überschütteten. Er sprach mir ständig Mut zu beim Lernen und half mir in den Fächern, in denen ich Lücken und Schwierigkeiten hatte. Carlo hat mir viel beigebracht während unserer gemeinsamen Schulzeit. Das wird mir jetzt sehr bewusst. Ich habe gelernt, meinen Nächsten zu lieben, andere zu respektieren und diejenigen, die anders denken, zu achten, indem ich seine Art zu handeln und sich aufrichtig und loyal zu verhalten beobachtet habe. In diesen schwierigen Tagen, die ich durchmache, kommen manchmal Zweifel und Unsicherheiten auf, und ich wünschte, ich hätte denselben Glauben und dieselbe Hoffnung, die mein großartiger Freund immer besaß ... Jetzt ist Carlo mein Schutzengel geworden und daran hat sich nichts geändert, denn vielleicht sind er und ich uns sogar noch näher.«

Eine sehr gute Freundin von ihm berichtet: »Ich kann Carlos Reinheit bezeugen, seine Freundschaft zu mir und zu anderen, die er nie verraten hat, seine Großzügigkeit anderen gegenüber und seine ständige Hilfe für seine Kameraden. Ich habe oft mit ihm darüber gesprochen, wie wichtig es ist, oft die Messe zu besuchen ... Carlo brachte dem Herrn und der Kirche große Treue entgegen.«

Ein weiterer seiner Schulkameraden erinnert sich an die gemeinsamen Jahre: »Ich lernte Carlo Acutis in der zweiten Klasse kennen, als ich sieben Jahre alt war. Von da an verbrachten wir viel Zeit miteinander, da wir gute Freunde waren. Im Allgemeinen können seine Gaben so beschrieben werden: Er war sehr großzügig und unterstützte seine Freunde, indem er sich mit ihnen solidarisch zeigte und ihnen bei verschiedenen Gelegenheiten half. Ich erinnere mich, dass er einmal einen behinderten Jungen verteidigte, der von allen verspottet wurde. Oft haben wir mit unseren Freunden über verschiedene Themen diskutiert: Ich erinnere mich insbesondere an eine Diskussion über die Abtreibung, in der er den Standpunkt der Kirche unterstützte und das Recht auf Leben des Embryos, der auch ein Kind Gottes ist, verteidigte. Manchmal sprachen wir auch ganz allgemein über meine Taufe (denn ich bin nicht getauft), und Carlo erklärte mir mehr als einmal die Bedeutung dieses Sakramentes. Er war sehr gläubig und ging fleißig zur Messe. Ich erinnere mich, dass seine Kenntnisse über den Glauben groß waren: Manchmal, wenn der Religionslehrer sich nicht an den Inhalt des Evangeliums erinnern konnte, fragte er ihn, der sich immer daran erinnerte (im Gegensatz zu vielen von uns). Von dem Moment an, als ich Carlo kennenlernte, entstand eine so starke Freundschaft, dass nicht einmal der Tod sie jemals zerstören kann: Ich mochte ihn wegen seiner Spontaneität und seines Mitgefühls, aber ein Aspekt, der mich am meisten bei ihm beeindruckte, war – neben einem Glauben, den ich nur bei wenigen anderen erlebt habe – das Gefühl der Zufriedenheit und des Glücks, das er zu allen Zeiten ausstrahlte, unabhängig davon, ob es einen Grund für Glück oder Traurigkeit gab: Auf seinem Gesicht konnte ich immer ein unerschöpfliches Lächeln entdecken. Acht gemeinsam verbrachte Jahre scheinen und sind tatsächlich auch sehr wenig, und das tut mir leid. Dennoch weiß ich, dass er da ist und immer da sein wird. Viele Leute sagen, dass er in den Himmel gekommen ist. Ich weiß nicht, ob es einen Himmel gibt, aber ich bin sicher, dass Carlo sich an einem wunderschönen Ort befindet …«

Die Zeugnisse über Carlo häufen sich, und alle sind sich darin einig, dass er ein außergewöhnlicher Junge war, sowohl wegen seiner Intelligenz als auch wegen seiner Fähigkeit, sich schwierigste Sachverhalte anzueignen: »Er war ein besonderer Junge. Tatsächlich hatten wir einen geistig behinderten Jungen in der Klasse, der oft von den meisten Mitschülern verspottet und ausgelacht wurde, aber Carlo war immer bereit, ihn zu verteidigen. Wir sprachen oft miteinander und ich erinnere mich, dass wir eines Tages über die Bedeutung des Ehesakraments diskutierten und er mich sehr beeindruckte, weil er sagte, dass junge Menschen die Lehre der Kirche befolgen sollen, die besagt, dass man mit dem Intimverkehr bis zur Ehe warten soll. Eine ungewöhnliche Aussage für einen 15-Jährigen. Er versuchte immer, mir zu helfen, und unterstützte mich in schwierigen Momenten mit außerordentlichem Einfühlungsvermögen. Er war bescheiden wie nur wenige andere, er prahlte nie mit dem, was er hatte, und wenn er die Möglichkeit hatte, teilte er alles mit anderen. Carlo dachte immer zuerst an die anderen und dann an sich selbst. Als ich zum Beispiel in der 9. Klasse im Gymnasium nicht so gut in der Schule war, bot er sich sofort an, obwohl er seine eigenen Schwierigkeiten hatte, mir in Mathematik zu helfen, wo er besonders gut war. Er erzählte mir auch, dass er jeden Tag zur Messe gehe, was für einen Jungen seltsam war. Meines Erachtens besaß er die sieben christlichen Tugenden und in besonderer Weise Glaube, Hoffnung und Liebe, und er war meiner Meinung nach ein sehr reiner Junge.«

Seine Loyalität gegenüber der Kirche wird einhellig bestätigt: »Er vertrat stets Positionen, die mit der Lehre der katholischen Kirche übereinstimmten: Er war ein entschiedener Gegner der Abtreibung, die er als Mord am unschuldigen Leben betrachtete. Ich denke oft an ihn, weil er ein guter Freund von mir war, der immer Loyalität und Zuneigung zeigte. Er lebte vollkommen in Übereinstimmung mit den Glaubensinhalten. Nie prahlte er mit seinen Eigenschaften und er war sehr demütig.« Und weiter: »Eines Tages waren wir in der Jahresschlussmesse und ich erinnere mich, dass Carlo einige Leute zurechtwies, die sich in der Kirche schlecht benahmen. Carlo war nach meiner Ansicht sehr gläubig, er lebte alle Tugenden und ging jeden Tag zur Messe. Carlo war auch bescheiden, denn er prahlte nicht mit seinen Gaben oder mit dem, was er besaß.«

Diejenigen, die Carlo kannten, haben seine Verbundenheit mit dem Lebensrecht und der Lehre der Kirche bemerkt: »Ich kann bezeugen, dass Carlo sich immer für die Schwächsten eingesetzt hat. Er hat die Positionen der Kirche zur Abtreibung und zur Familie immer geteilt und verteidigt. Er war ein außergewöhnlicher Mensch, denn er pflegte mit jedem Freundschaft und hatte gute Beziehungen zu allen. Für mich wird er im Glauben und im Leben immer ein Vorbild sein.« Und weiter: »Er hatte immer ein großes Gottvertrauen und setzte sich stets für die Hilfsbedürftigsten ein.« Ein weiteres Zeugnis: »Ein Merkmal von Carlos Persönlichkeit waren seine Großzügigkeit und Hilfsbereitschaft anderen gegenüber. Ein Beispiel: Eine unserer Klassenkameradinnen hatte schlechte Schulleistungen und Carlo wollte ihr kostenlos Nachhilfe geben, sodass sie ihre Prüfungen am Ende der 8. Klasse bestehen konnte. Ich erinnere mich auch immer noch an den Vorfall, als Carlo einen unserer Klassenkameraden, der behindert war, verteidigte, der zu Unrecht verspottet und ausgelacht wurde. Wenn Carlo zum Beispiel von jemandem aufgestachelt und provoziert wurde, reagierte er nicht, sondern versuchte immer, allen gegenüber eine friedliche Haltung einzunehmen. Ich erinnere mich, dass Carlo im Religionsunterricht immer derjenige war, der alles wusste, und es kam oft vor, dass eine unserer Religionslehrerinnen ihn um Rat fragte, wenn sie etwas nicht wusste oder wenn es um die Heilige Schrift ging. Oft redete Carlo mit Don Claudio über religiöse Fragen. Alle werden ihn hauptsächlich wegen seines großen Glaubens und seiner großen Nächstenliebe in Erinnerung behalten. Er war ein untadeliger Junge, der alle von der Kirche vorgegebenen moralischen Grundsätze befolgte. So gab er beispielsweise jungen Menschen, die die Lehre der Kirche nicht beachteten, oft Ratschläge und versuchte ihnen zu erklären, warum sie ihr Verhalten ändern sollten. Seit Carlo tot ist, habe ich seine besondere Nähe gespürt. Zunächst verspürte ich das Bedürfnis, mich ehrenamtlich zu engagieren, wie Carlo es getan hat, und ich fing an, wieder zur Messe zu gehen. Seit seinem Tod bitte ich Carlo, mir zu helfen, und ich habe mich auch der Kirche wieder angenähert. Ohne Zweifel bin ich davon überzeugt, dass Carlo mir bei meiner Versöhnung mit dem Herrn sehr geholfen hat.«

Carlo mochte Kinder sehr gern, auch die ganz kleinen, und manchmal spielte er mit einigen Schülern der unteren Klassen in der Pause Fußball. Manchmal half er ihnen auch bei den Hausaufgaben, weil er aufgrund seines Alters den Stoff besser kannte als sie. Sein Vater erzählte, dass Carlo immer viel Geduld mit den kleineren Kindern hatte, die ihm sehr zugetan waren. Seine siebenjährige Nichte war so begeistert, wenn sie Carlo sah, dass es den Anschein hatte, als ob er der »wichtigste König der Welt« wäre. Ein kleines Mädchen, mit dem Carlo oft spielte, die Cousine eines seiner engsten Freunde, erinnerte sich folgendermaßen an ihn: »Carlo Acutis war so gut und ließ mich immer spielen und Spaß haben.«

Die Mutter eines von Carlos guten Freunden, der mit ihm zusammen die Grundschule und die Mittelstufe besucht hatte, bezeugt: »Carlo ließ sich weder in kleinen noch in großen Prüfungen entmutigen. Er sah immer die positive Seite der Dinge, den tiefen Sinn ihres Geschehens, und nahm sie als Chance, sich zum Besseren zu verändern. Außerdem war er in der Lage, seine Freunde mit seinem Humor zu ermutigen. Im Gegensatz zu vielen seiner Altersgenossen habe ich nie bemerkt, dass Carlo schlecht über andere geredet hat. Er war offen und hatte keine Vorurteile. Seine Freunde lud er oft großzügig und gutherzig zu sich nach Hause ein. Ich erinnere mich, dass es einigen seiner Klassenkameraden schwerfiel, sich mit den Regeln des Zusammenlebens im sozialen Umfeld der Klasse zurechtzufinden, oder dass andere eine problematische Familiengeschichte hatten. Sie gehörten zu denjenigen, die Carlo am häufigsten zu sich nach Hause eingeladen hat. Ich habe Carlo nie Zeichen seines großen Wohlstands und seines gehobenen sozialen Status zur Schau stellen sehen: Er kleidete sich schlichter als die anderen und in seinem Zimmer befand sich weniger Spielzeug als bei vielen Gleichaltrigen. Mit großem Feingefühl vermied er es, Vergleiche anzustellen oder jemanden auszuspielen. Carlo hat seinen Eltern immer gehorcht, ohne jemals zu rebellieren. Die Eigenschaft, die mir an Carlo am meisten auffiel, war seine große Bescheidenheit. Ich habe nie gesehen, dass er die Gefühle von jemandem verletzt hätte, um selbst in besserem Licht zu erscheinen. Manchmal erweckte er den Eindruck, dass er den anderen unterlegen sei, obwohl er über eine große Intelligenz verfügte. Wenn er über einige seiner Aktivitäten sprach, tat er dies mit extremer Zurückhaltung. Selbst in Zeiten, in denen es für seine Altersgenossen wichtig war, sich schick und modisch anzuziehen, war Carlo zurückhaltend und frei von dem Bedürfnis, sein Image durch modische Gegenstände oder Kleidung aufzuwerten, die ihn als Person hervorgehoben hätten. Als Carlo starb, war die intensive Teilnahme aller an der Trauer seiner Familie das, was mich am meisten beeindruckte. Carlos Tod hat unser

Leben verändert. Wir haben den Sinn der Elternschaft neu überdacht, vor allem dank des Beispiels von Carlos Eltern: Die Hingabe an den Willen Gottes, mit der sie den Verlust ihres Sohnes hingenommen haben, war eine beeindruckende Lehre für uns alle. Die Beziehung zu meinem Sohn wurde durch das Nachdenken über den Sinn unserer irdischen Existenz und den Wert unseres Handelns vertieft. Vor allen Dingen wurde uns auch die Kürze der Zeit bewusst, die uns zur Verfügung steht, um die Freude in Gott zu unserem Hauptziel zu machen. Heute habe ich den Eindruck, dass die Zeit diese Errungenschaften nicht beeinträchtigt hat, sie haben sich sogar noch fester verwurzelt. Meine Tochter hatte gesundheitliche Probleme und deshalb betete eine Freundin für sie und bat Carlo (den sie nur durch mein Erzählen kannte) um Fürsprache.«

Das humanistische Gymnasium

Im Alter von 14 Jahren wechselte Carlo auf das humanistische Gymnasium *Leo XIII.* in Mailand, das von den Jesuiten geleitet wird. Dort entwickelte er seine Persönlichkeit weiter. Zusammen mit einem Informatikstudenten begann er, sich mit der Internetseite der Pfarrei *Santa Maria Segreta* in Mailand zu beschäftigen und diese zu betreuen.

Obwohl der Stoff in den Unterrichtsfächern sehr anspruchsvoll war, beschloss Carlo spontan, mit anderen älteren Freiwilligen einen Teil seiner Zeit auch der Betreuung der Kinder zu widmen, die sich auf die Firmung vorbereiteten. Carlo betrachtete diese Aufgabe als sehr wichtig und wenn er manchmal nicht dabei sein konnte, weil er selbst lernen musste, dann bedauerte er dies sehr.

Im selben Jahr gestaltete er die neue Internetseite für die Freiwilligenarbeit des Gymnasiums *Leo XIII.* und förderte und koordinierte die Realisierung von Werbespots für die ehrenamtlichen Tätigkeiten vieler Klassen in einem nationalen Wettbewerb. Im Jahr 2006 verbrachte er den ganzen Sommer mit der Gestaltung der Internetseite für die Freiwilligenarbeit seiner Schule. Carlo wurde von seinen Freunden sehr geschätzt, sowohl wegen seiner fröhlichen und freundlichen Art als auch wegen seiner Genialität, die sich bei der Nutzung des Computers und dem Einsatz der Videokamera zeigte. In der Praxis war er so etwas wie der »Motor« der Klasse, denn er war mehr oder weniger die treibende Kraft hinter bestimmten Initiativen, die die gesamte Schule betrafen.

Das Zeugnis des Jesuitenpaters Roberto Gazzaniga, der geistlicher Leiter der Gymnasien und Leiter der Schulpastoral am humanistischen Gymnasium *Leo XIII.* in Mailand war, ist in dieser Hinsicht bezeichnend: »Carlo schrieb sich im Schuljahr 2005/2006 am humanistischen Gymnasium *Leo XIII.*, einer Schule der Gesellschaft Jesu, ein. Als Schüler der Klasse IV/B des Gymnasiums fiel er sofort durch seine großen menschlichen Qualitäten auf, die offenkundig waren. Ab seinem Eintritt verhielt er sich so, als ob ihm das Gymnasium hier schon lange vertraut wäre, mit einer Freundlichkeit, Vertrautheit, Liebenswürdigkeit und Gewandtheit, die für Neulinge ungewöhnlich ist. Er fühlte sich bei uns am Gymnasium wie zu Hause, und seine Mitschüler, Lehrer und das Personal, das nicht am Unterricht beteiligt war, hatten gerne Kontakt mit ihm, wozu auch seine Warmherzigkeit und seine vornehme, spontane und frische Art beitrugen, die ihn auszeichneten. Carlo erlebte seine Aufnahme im Gymnasium *Leo XIII.* mit Begeisterung und großer Aufmerksamkeit. Er nahm spontan Kontakt zu seinen Mitschülern auf und legte damit den Grund für eine Freundschaft mit ihnen, was ihm sehr wichtig war.« Der Pater fährt mit seinem Zeugnis fort: »Aus jener Zeit erinnere ich mich an seine besondere Aufmerksamkeit denjenigen gegenüber, die seiner Meinung nach ›ein wenig außen vor‹ waren. Einige Mädchen und Jungen brauchten mehr Zeit, um mit dem neuen Umfeld der Schule und der Mitschüler vertraut zu werden. Von den ersten Tagen an hat sich Carlo diskret, respektvoll und mutig um diejenigen gekümmert, denen es am schwersten fiel, sich mit den neuen Gegebenheiten in der Klasse und im Gymnasium zurechtzufinden. Einige Monate nach seinem Abschied von seinem irdischen Lebensweg und von seinen Klassenkameraden fragten wir diese nach einigen Eigenschaften, die ihnen bei Carlo aufgefallen waren und sie beeindruckt hatten. Mehrere hoben sein Feingefühl hervor, mit dem er von den ersten Schultagen an diejenigen beachtete, die es am schwersten hatten, und seine Bereitschaft, sie zu unterstützen und ihre Integration in die Klasse zu erleichtern, indem er alle aufforderte, die Situation nicht zu verschlimmern, und versuchte, Widerstände und Schweigen zu überwinden. Viele Klassenkameraden und -kameradinnen sind Carlo sehr dankbar für seine Fähigkeit, Beziehungen zu schaffen und zu fördern sowie unaufdringlich Vertrauen und Nähe zu vermitteln.«

Aus den Worten von Pater Gazzaniga geht ganz deutlich hervor, wie umfangreich und lebendig Carlos Beziehungen zu seinen Mitschülern waren, die wie folgt davon berichten: »Ganz für den anderen da zu sein und dem anderen das Gefühl zu geben, für ihn persönlich da zu sein, war eine Eigenschaft, die mir bald an ihm auffiel.« Während der großen Pause am Vormittag hielt er sich gern auf den Fluren und den beiden Stockwerken des Gymnasiums auf und suchte den Kontakt zu Schülern und Lehrern. Oft war er in Begleitung eines Mitschülers oder einer Mitschülerin, die auf der Bank oder irgendwo in der Nähe allein auf das Ende der Pause gewartet hätten, wenn er oder sie nicht von Carlo mitgenommen worden wäre. »Er hatte eine respektvolle, lebhafte und überschwänglich jugendliche Fähigkeit, die Initiative zu ergreifen und Menschen in das Geschehen einzubeziehen.« Mehrere Erwachsene waren beeindruckt von seiner ausgeprägten Fähigkeit, Initiativen zu ergreifen, und von seiner ganz natürlichen Höflichkeit. Der langjährige Pförtner des Gymnasiums erinnerte sich mit Rührung an seine Zugewandtheit, wenn Carlo manchmal morgens durch den Eingang »auf der Schwimmbadseite« das Gebäude betrat und dann in der Pause vorbeikam, um ihn ausdrücklich in der zentralen Pförtnerloge zu begrüßen, da er dies am Morgen vor dem Unterricht nicht getan hatte. Eine spontane Geste, die er mehrmals mit aufrichtiger Zugewandtheit wiederholte, was bemerkenswert war, weil Jugendliche oft je nach ihrer Stimmung grüßen oder es auch vergessen.

Carlos Ausstrahlung und seine Suche nach direktem Kontakt ließen niemanden gleichgültig. Als sympathischer Junge wurden ihm Akzeptanz und Sympathie entgegengebracht. »Es hat mich schon immer überrascht, dass er aufgrund seiner angeborenen Qualitäten und Fähigkeiten, die weit über dem Durchschnitt lagen, nicht zur Zielscheibe von Witzen und Späßen wurde. Oft sind Jungen und Mädchen, wenn einer von ihnen außerordentliche Leistungen erbringt, versucht, ihn oder sie mit Witzen, Anspielungen und Spott ›zurechtzustutzen‹. In einem Alter, das von starken Widersprüchen und von Wettbewerb geprägt ist, ist es für einen Jugendlichen nicht leicht, den Wert des anderen und die Fülle seiner erhaltenen und erworbenen Talente anzuerkennen.«

Dies ist ein weiteres Element, das zeigt, wie großartig Carlo war. Seine Gutherzigkeit und sein authentisches Verhalten haben über die Machtspiele gesiegt, die von Menschen eingesetzt werden, um das Ansehen derjenigen zu beeinträchtigen, die über herausragende Qualitäten verfügen. Seine Offenheit war beeindruckend. Carlo hat nie ein Hehl aus seiner Entscheidung für den Glauben gemacht. In Gesprächen und verbalen Auseinandersetzungen mit den Mitschülern respektierte er ihre Positionen, ohne jedoch darauf zu verzichten, klar und deutlich die Grundprinzipien seines christlichen Lebens zu benennen und zu bezeugen. »Als einer meiner Mitbrüder in Carlos Klasse kam, um dort eine außerschulische Gruppe namens ›Gemeinschaft des christlichen Lebens CVX‹ vorzustellen, kam Carlo am Ende dieser Vorstellung sofort mit auf den Flur und sagte zu ihm: ›Mich interessiert der nach dem Evangelium gelebte Weg, den Sie aufgezeigt haben.‹ Er war der einzige Schüler der ganzen Klasse, der Stellung bezogen hat und an diesem Vorschlag interessiert war, der die Eingliederung in die christliche Gemeinschaft bedeutete.«

Pater Gazzaniga wies auf die einhelligen Kommentare der Schulfreunde des Jungen hin: »Als ich seine Klassenkameraden über das Geschenk von Carlos Anwesenheit befragte, bemerkte ich den Nachklang seines Wirkens. Die Charakterzüge, die am meisten aufgefallen waren, an die sich die Jungen erinnerten, da sie sie erlebt hatten, waren die folgenden: Fröhlichkeit, Lebhaftigkeit, Großzügigkeit, der Wunsch nach freundschaftlichen Beziehungen, die Fähigkeit zur Selbstdisziplin: ›Ich habe ihn nie wütend gesehen, auch nicht wenn er provoziert wurde.‹ Er pflegte verschiedene Interessen, ohne seine Pflichten zu vernachlässigen, er lächelte gern, war freundlich und unterhielt gute Beziehungen zu allen. ›Wenn jemand schlecht gelaunt war, verging die schlechte Laune in seiner Nähe.‹ Sein Optimismus war ansteckend. Er hatte auch gesellschaftspolitische Interessen ›in jener Phase des Heranwachsens, in der die Aufmerksamkeit oft nur auf sich selbst und die eigene kleine Welt gerichtet ist‹. Sein Mitgefühl und seine warmherzige und gastfreundliche Art waren für ihn ein Impuls, seine Freunde zu sich nach Hause einzuladen, die das Gefühl hatten, dass er nicht nur höflich zuhörte, sondern dass er ein echtes Interesse am anderen hatte.«

Seine Klassenkameraden, und nicht nur sie, waren besonders von Carlos Spontaneität, Hilfsbereitschaft und Zuverlässigkeit beeindruckt. Als ich Hilfe für den Freiwilligendienst für die Schüler des Gymnasiums benötigte, stellte Carlo sich zur Verfügung, um die Präsentation der verschiedenen Vorschläge für die Freiwilligenarbeit mit einem von den Lehrern verwendeten Programm namens *Dreamweaver* zu entwickeln, was ihn den ganzen Sommer über mit Entwurf, Programmierung und Implementierung beschäftigt hat. In den Sitzungen des Freiwilligenkomitees, das sich aus mehreren Elternteilen zusammensetzte, waren alle tief beeindruckt von Carlos lebendiger Ausdrucksweise, seinem Einsatz und seinem Einfallsreichtum bei der Erstellung einer CD, die das Interesse der Schüler wecken und ihnen die Entscheidung für eine ehrenamtliche Tätigkeit erleichtern sollte. Die Mütter waren buchstäblich verzaubert von Carlos Vorgehensweise und seinen Führungsqualitäten, seinem freundlichen, dynamischen und effizienten Stil.

Schließlich beendete der Jesuitenpater sein Zeugnis, indem er den Aspekt des Glaubens und der Suche nach Gott in Carlos Leben hervorhob: »Das letzte Mal traf ich ihn am Samstag vor der Präsentation der Freiwilligenarbeit zur Vorbereitung der Vorführung für die Schüler, die für den 4. Oktober 2006 geplant war. Nach einigen Hinweisen, die ich ihm gab, erklärte er sich bereit, einen Teil der Präsentation zu überarbeiten. Er sagte dies ganz frei zu und war bestrebt, diese Arbeit so gut wie möglich zum Abschluss zu bringen. Diese Einstellung ist bei jungen Menschen nicht selbstverständlich. Während der Vorführung seines Werks, die von einem Mitschüler der 10. Klasse übernommen wurde, wies ich am Ende darauf hin, dass die Präsentation von Carlo zusammengestellt worden sei, und der spontane und stürmische Applaus, der daraufhin zu hören war, freute ihn und machte ihn ein wenig verlegen. Seine Lebensfreude und seine Mitmenschlichkeit, sein Stil und seine Art, so persönlich, offen und gut mit anderen umzugehen, bleiben unvergessen. Wir sind alle davon überzeugt, dass Carlos Liebe zu Gott und den Menschen durch den Strom seines klaren und fröhlichen Inneren hervorgerufen und in einer wohltuenden und wahren Ungezwungenheit vereint wurde, die niemanden gleichgültig ließ. Wie oft habe ich mich als Priester und Jugendbetreuer gefreut, Carlo zu begegnen und ihm zuzuhören und seinen positiven Einfluss auf seine Freunde zu bemerken. Ich war und bin überzeugt, dass er wie die Hefe im Teig war: Er machte nicht geräuschvoll auf sich aufmerksam, sondern ließ die anderen größer werden. Umso mehr jetzt, wo er wie das Samenkorn ist, das in die Erde gelegt wurde, um lebendige Frucht hervorzubringen. Man konnte auf ihn verweisen und sagen: Hier ist ein Junge, der ein glücklicher und authentischer Christ ist. Carlo war ein Geschenk, sein Name wird mit Respekt und großer Nostalgie ausgesprochen. Carlo ist da und gleichzeitig vermissen wir ihn.«

Es gibt auch viele Zeugnisse von seinen Mitschülern, die ihn schätzten und liebten: »Ich erinnere mich besonders an diesen Vorfall: An einem Tag wurden in der Klasse verschiedene Themen diskutiert, darunter auch das Thema ›Abtreibung‹. Bei dieser Gelegenheit zeigte sich, dass Carlo seinen Prinzipien treu blieb und sich gegen die Abtreibung aussprach. Er verteidigte das Lebensrecht als Vorrecht aller Lebewesen und als einen unschätzbaren und heiligen Wert, da das Leben ein Geschenk des Herrn ist.«

Ein anderer seiner Freunde erinnert sich: »Manchmal, wenn ich zu ihm nach Hause kam, um dort zu lernen oder Zeit mit ihm zu verbringen, hielten wir inne und sprachen über die Wichtigkeit des Besuchs der Messe, die er für grundlegend hielt, denn ich praktizierte den Glauben nicht besonders und er versuchte, mich von seiner Einstellung zu überzeugen. Um mir diese zu erklären, verwendete er manchmal Berichte über eucharistische Wunder. Carlo hatte sehr klare Vorstellungen davon, wie wichtig es war, eine Freundin zu haben. Er hielt das für eine zu wichtige Angelegenheit, um zu riskieren, sie mit unverantwortlichem oder eigennützigem Verhalten zu verderben. Großen Wert legte er darauf, dass Mädchen von ihren Freunden respektiert werden, und er warf seinen Freundinnen oft vor, dass sie es ihren jungen Verehrern zu leicht machten. Er war ein Junge mit hohen moralischen Werten und soliden Prinzipien und war zum Beispiel gegen Abtreibung. Ich erinnere mich, dass im Religionsunterricht eine Diskussion über die Abtreibung stattfand und er sich dagegen aussprach, weil er sie als Tötung eines unschuldigen Menschen betrachtete. Carlo war jederzeit bereit, Freundschaft mit allen zu schließen, und er gesellte sich oft zu Gleichaltrigen, die Probleme damit hatten, sich anderen anzuschließen. So verhielt er sich auch angesichts einiger Jugendlichen in unserer Klasse. Carlo interessierte sich für sie und versuchte, sie einzubeziehen, und er gab ihnen das Gefühl, ein wichtiger Teil der Klasse zu sein. Carlo ging mehrmals in der Woche zur Messe. Er war sehr gläubig. Er glaubte an ein persönliches Gespräch mit dem Herrn, auch wenn es nur kurz war, und er betete jeden Tag den Rosenkranz. Nach Carlos Tod habe ich mich der Kirche angenähert, und ich denke, dass dies auf Carlos Fürbitte zurückzuführen sein könnte.«

Ein Schulfreund bezeugt, dass er Carlos große Freundlichkeit und Offenheit anderen gegenüber erkannt hat: »Ziemlich schnell entstand eine Freundschaft zwischen uns. Dies wurde durch die Tatsache unterstützt, dass ich in Carlo jemanden mit Ausstrahlung vorgefunden habe, der bereit war, mir zuzuhören und mich zu beruhigen, was meine Probleme und kleinen Ängste betraf. In diesem Zusammenhang erinnere ich mich an ein Ereignis vom Oktober 2005. Als wir eines Tages die Schule verließen und mit dem Fahrrad nach Hause fuhren, vertraute ich ihm an, dass ich befürchtete, dass mit den ersten guten Noten bei den Klassenarbeiten die Witze und ›Beleidigungen‹, die meine Grundschul- und Mittelstufenzeit geprägt hatten, sich wieder einstellen würden. Carlo beruhigte mich und versicherte mir, dass er immer für mich da sein und mir helfen würde, wenn ich ihn bräuchte. Carlo zeigte diese Haltung nicht nur mir gegenüber, sondern er stand auch zwei anderen Klassenkameraden bei, die Probleme damit hatten, sich gegenüber anderen zu öffnen, und er ermutigte sie, sich anderen anzuschließen. Carlo war lebhaft und beteiligte sich problemlos an Diskussionen, die während der Wahlen aufkommen konnten, sowie an Aktivitäten, die nicht ausschließlich mit der Schule zu tun hatten: So hatte er zum Beispiel während einer Geografiestunde versucht, den Lehrer davon zu überzeugen, dass es besser sei, täglich ein kurzes Gespräch aus ganzem Herzen mit dem Herrn zu führen, als den Rosenkranz schlecht aufzusagen und herunterzuleiern.«

Einer seiner Lehrer bestätigt seinen Einsatz bei der Arbeit und seine Fähigkeit, seine Freunde mit einzubeziehen: »Bei einer anderen Gelegenheit gelang es Carlo, seine Schulkameraden und mich auf ganz besondere Weise an seiner Arbeit zu beteiligen, nämlich bei der Ausarbeitung eines Werbeslogans über den Wert der Freiwilligenarbeit anlässlich der Teilnahme der Schule am nationalen Wettbewerb *Volontario sarai tu* [›Du wirst ein Freiwilliger sein‹]. Wenige Tage vor seinem Tod zeigte er mir stolz seine Arbeit, die er während des Sommers für die Schule angefertigt hatte. Es war eine Internetseite, die er für die Schule vorbereitet hatte, in der Überzeugung, dass viele Mitschüler daran teilnehmen würden.«

Carlos Leidenschaft für die Informationstechnologie

Carlo war für die Informationstechnologie sehr begabt und er hat oft Internetseiten entworfen für diejenigen, die ihn darum baten. Von seiner Pfarrgemeinde wurde er beauftragt, die Internetseite zusammen mit einem jungen Informatik-Studenten des Polytechnikums zu erstellen. Der Student war von Carlos Fähigkeiten sehr beeindruckt und erinnert sich an ihn wie folgt: »Von Anfang an fiel mir in unseren Gesprächen seine Leidenschaft für die Informationstechnologie auf, die er mit mir teilte. Seine für sein Alter bemerkenswerte Begabung überraschte mich einerseits und hat mich andererseits angespornt, mein Studium fortzusetzen, um ihm bei der Verwirklichung seines künftigen Zieles zu helfen, IT-Ingenieur zu werden.«

Ein sehr berühmter Computerprogrammierer, Autor zahlreicher Studienbücher, der Carlo durch dessen Vater kennenlernte, sagte über ihn: »Carlo Acutis war ein Junge, der eine solch hohe Begabung für das Programmieren von Computern hatte, dass ich tatsächlich verblüfft war, weil ich mich fragte, wie ein Junge seines Alters fähig war, mit solchen Fachkenntnissen darüber sprechen zu können, die mit meinen vergleichbar waren, wobei ich doch mehrere Bücher für wichtige Verlage, die auf die Veröffentlichung von Büchern über die Informationstechnologie für Universitätsstudenten und Experten spezialisiert sind, verfasst habe.«

Der Sekretär der »Päpstlichen Akademie Cultorum Martyrum« schrieb über Carlo: »Er nutzte die modernen Kommunikationsmittel über das Internet, mit denen er außerordentlich gut umgehen konnte, und half uns mit großer Bereitschaft und Hingabe bei der Erstellung unserer Internetseite auf *vatican.va*. Wann immer das Thema ›Eucharistie‹ zur Sprache kam, fühlte er sich davon besonders angezogen. Außerdem nahm er täglich an der Heiligen Messe teil, wodurch er sich von Jugendlichen seines Alters abhob. Die Akademie wird ihn den neuen Mitgliedern, die sich einschreiben, als Vorbild in seiner Tugend und Hingabe an die Kirche und den Heiligen Vater vor Augen führen, um die künftigen christlichen Generationen über sein Opfer, das von seinem großen Glauben und seiner Nächstenliebe bestimmt war, zu informieren und damit anzustecken.«

Einige Freunde und Klassenkameraden Carlos erinnern sich auch mit Bewunderung an seine Hingabe und sein Können im IT-Bereich: »Carlo hatte auch eine außergewöhnliche Leidenschaft und Intelligenz in Bezug auf Computer und das Programmieren, die über das Normale hinausgingen. Er versuchte, mich mit dieser Leidenschaft anzustecken, leider jedoch ohne Erfolg. Ich erinnere mich auch daran, dass er mir seine Hilfe bei der Erstellung einer Präsentation mit dem Computer für die Prüfung in der 8. Klasse anbot (und dies fast allen Mitschülern von sich aus anbot, ohne dass er darum gebeten wurde).«

Ein anderer Freund bezeugte: »Er war immer sehr nett und rücksichtsvoll anderen wie zum Beispiel auch mir gegenüber, als er mir anbot, mir bei meiner Abschlussarbeit in der 8. Klasse zu helfen, da er sich besonders gut mit Computern auskannte. Er war in der Lage, sich mit Texten aus Lehrbüchern, die an der Universität verwendet werden, über Programme wie *Java* auseinanderzusetzen, und er versuchte sogar, mir beizubringen, wie man es benutzt, aber obwohl ich daran interessiert war, konnte ich die Dinge nicht verstehen, die für ihn selbstverständlich waren.« Und weiter: »Carlo verfügte über große Kenntnisse in Bezug auf Computer. Mit seinen Fähigkeiten stellte er sich oft seinen Freunden zur Verfügung: Anlässlich der Prüfung in der 8. Klasse fragte er viele von uns, ob er uns bei der Vorbereitung der Präsentation mit dem PC helfen sollte.«

Viele bestätigten seine Computerkenntnisse und seine uneingeschränkte Bereitschaft, sie seinen Mitschülern und allen anderen, die Bedarf dafür hatten, zur Verfügung zu stellen: »Carlo half nicht nur Menschen, die behindert waren, sondern er war auch uns gegenüber immer sehr hilfsbereit: Ich erinnere mich daran, dass er uns fragte, ob wir für die Prüfung in der 8. Klasse eine Präsentation am PC vorbereiten wollten, und er sagte, dass er bereit wäre, die Präsentation selbst zu erstellen, da er sehr gute Computerkenntnisse hatte. Seine Nächstenliebe war sehr groß und seit seinem Tod habe ich mehrere Zeichen von ihm erhalten.«

»Ich lernte Carlo Acutis kennen, als ich 11 Jahre alt war. Ich kann bezeugen, dass Carlo immer sehr großzügig war, zum Beispiel wollte er eine Präsentation für meine Prüfung am Computer vorbereiten, ohne dass ich ihn darum gebeten hatte. Er konnte außergewöhnlich gut mit dem Computer umgehen und er war in der Lage, Dinge zu tun, von denen ich und viele andere der Meinung sind, dass sie für unser Alter absolut außergewöhnlich waren. Mich hat er tatsächlich mit seiner Begeisterung für Computer angesteckt.«

»Carlo hatte solch großartige Computerkenntnisse, dass selbst ich, der ich schon ein Studium der Betriebswirtschaft absolviert und auch Mathematik und Informatik studiert habe, nicht so talentiert war wie der junge Carlo, der sicherlich davon beseelt war, sonst hätte ein Junge seines Alters niemals so gut mit Programmen und Computern umgehen können.«

»Carlo respektierte die moralischen Lehren der Kirche sehr. Ich kann bestätigen, dass er ein untadeliges Verhalten an den Tag legte. Er war sowohl in materieller als auch in geistlicher Hinsicht sehr großzügig anderen gegenüber. Nicht selten half er mir bei Problemen mit dem Computer und gab mir Unterricht, um mich in die Lage zu versetzen, Programme, die ich nicht entziffern konnte, zu verbessern und zu verstehen, und diese große Fähigkeit, die sich bei Carlo mit dem Computer zeigte, war für mich immer etwas Besonderes.«

»Carlo war ganz sicher ein Genie in der Computerprogrammierung.«

»Carlo hat mir so viele Dinge über den Computer beigebracht, dass ich jetzt sehr gut damit umgehen kann.«

»Er war ein genialer Computerexperte.«

»Er war ein sehr aufrichtiger Junge und half anderen in jeder Hinsicht gerne: Er spendete zum Beispiel, unterstützte Bedürftige und setzte sich stark für die Freiwilligenarbeit unserer Schule *Leo XIII.* ein. Tatsächlich bereitete er sowohl letztes als auch dieses Jahr die Präsentation der verschiedenen Freiwilligeneinsätze mit dem Computer vor, da er darin sehr gut war, und er erstellte auch die Präsentation über die Freiwilligenarbeit für die anderen Klassen, obwohl er nicht darum gebeten wurde, und daran konnte man seine Großherzigkeit erkennen.«

»Er engagierte sich sehr, als sein Religionslehrer vorschlug, einen Werbespot zu erstellen, um junge Menschen auf die Freiwilligenarbeit aufmerksam zu machen. Neben dem Erstellen des Werbespots für unsere Klasse arbeitete er bis wenige Tage vor seinem Tod dank seiner Computerkenntnisse an einigen Präsentationen für die Schule.«

»Er verblüffte uns mit seinen außergewöhnlichen Kenntnissen im Umgang mit Computern und deren Programmierung.«

»Er hat sich sehr für die Erstellung einiger Videos eingesetzt, die die Freiwilligenarbeit in den Schulen fördern sollten, und er hat auch Projekte anderer Klassen am Computer bearbeitet.«

»Carlo war sechs Jahre jünger als ich und er sagte mir immer, dass die Art und Weise, wie ich den Computer benutze, falsch sei, weil ich zwar sehr gut mit Computern umgehen, aber die Programme, mit denen ich arbeite, nicht entziffern könne. Carlo hingegen wusste, wie man die Programme entschlüsselt, mit denen man normalerweise arbeitet. Er sagte mir immer: ›Wenn man den Computer wirklich einsetzen möchte, muss man auch in der Lage sein, die Programme zu entschlüsseln, sonst ist man nur Bediener und kein Programmierer.‹ Obwohl ich eine kaufmännische Berufsschule besucht habe, konnte ich von ihm noch etwas lernen und er gab mir kostenlosen Computerunterricht bei sich zu Hause.«

»Ich erinnere mich, dass er ein fröhlicher, freundlicher, großzügiger und vor allem sehr hilfsbereiter Mensch war. Als er gerade aus dem Urlaub zurückkam, erstellte er am Computer Videomontagen über die Freiwilligenarbeit, und ich fragte ihn, ob er mir Unterricht geben könne. Carlo hat mir so viel beigebracht, dass ich gelernt habe, den Computer gut einzusetzen.«

»Carlo konnte so gut mit Computern umgehen, dass er meiner Tochter einmal geholfen hat, das Passwort ihres Computers wiederherzustellen, da dieser sonst nicht mehr funktioniert hätte, was mich davor bewahrt hat, einen neuen Computer für meine Tochter kaufen zu müssen.«

Alle seine Freunde waren sich einig, dass Carlo ein IT-Genie war. Hier wurden bewusst mehrere Zeugnisse von Menschen wiedergegeben, die davon überzeugt waren, dass er über besondere Fähigkeiten verfügt hatte. Carlo ist sicherlich ein Vorbild für viele junge Leute, die von morgens bis abends den Computer benutzen, und eine Art Kompass, der ihnen aufzeigt, wie man dieses Werkzeug benutzen sollte, denn leider kommt es oft vor, dass der Computer auch für schlechte Dinge benutzt werden kann.

Carlo und seine Lieblingstiere

Carlo liebte die Tiere sehr: Er hatte zwei Katzen, vier Hunde und Goldfische bei sich zu Hause. Außerdem nötigte er seine Eltern, wann immer er ein ausgesetztes Tier fand, es bei sich zu Hause aufzunehmen. Einer seiner Cousins aus Rom, dem er sehr nahestand, berichtete von einem Ereignis während der Sommerferien 2004, das ihn sehr überrascht hat: »Carlo war sehr empfindsam Tieren gegenüber. Ich erinnere mich, dass wir einmal einige junge Leute aus Neapel am Meer trafen, mit denen wir uns anfreundeten, und einer von ihnen sah eine wehrlose Eidechse und tötete sie mit einem Stein. Carlo begann zu weinen und war traurig und wütend. Seine Mutter musste ihn trösten. Sie sagte zu ihm, dass die Eidechse sowieso bei Jesus sei, und Carlo beruhigte sich wieder. Mir ist dies ganz stark in Erinnerung geblieben. Carlos Liebe zu den Tieren war allen bekannt. Tatsächlich hatte er vier Hunde und zwei Katzen und auch einige Goldfische.«

Carlo war überzeugt, dass alle Tiere zum Herrn in den Himmel kommen, denn er sagte, dass es seiner Meinung nach unmöglich sei, dass Gott die Tiere im Nichts enden lassen würde. Paul VI. hatte einem Kind, das ihn gefragt hatte, ob es seinen kürzlich verstorbenen kleinen Hund im Himmel wiedersehen würde, geantwortet, dass es ihn ganz sicher wie-

dersehen werde. Da Carlo großes Vertrauen zu den Aussagen der Päpste hatte, da sie seiner Ansicht nach »direkt vom Herrn inspiriert« sind, war er zutiefst davon überzeugt, dass die Tiere vom Herrn direkt nach dem Tod in den Himmel aufgenommen werden.

Neben der Computertechnologie war Carlo besonders begabt in allem, was zur Welt der elektronischen Geräte gehörte, und er nahm oft Filme auf, in denen seine Tiere die Hauptdarsteller waren. Manchmal nahm er seine Hunde in komischen Szenen auf, über die sich seine Freunde und seine Eltern amüsierten. Alle seine Freunde waren eingeladen, sich die Aufnahmen der Hündin *Die dicke Stellina* [»Das dicke Sternchen«] anzusehen, die von Carlo wegen ihres starken Körperbaus so genannt wurde. Dann gab es noch Szenen mit *Briciola* [»Krümel«], seiner Lieblingshündin, der Carlo den Spitznamen »Die Hündin mit sieben Dämonen« gegeben hatte, weil sie als Dobermann-Hündin wie ein wilder Hund aussah. Und dann gab es noch *Chiara* mit dem Spitznamen »Oberratte«. Sie stammte von einer Mutter, die der Schrecken aller anderen Hunde war, denn als Leittier knurrte sie ständig jeden an, der es wagte, die Grenzen ihres Territoriums zu überschreiten, das aus dem Bereich bestand, in dem sich die Sachen ihrer Mutter befanden.

Carlo war in seinem Freundeskreis für kurze Tierfilme bekannt geworden. Viele erinnerten sich vor allem an die Folge, in der *Chiara* die Rolle der bösen Kommandantin spielte, die »die Welt der bösen Katzen« erobern wollte, die sich ständig im Kampf gegen sie befanden.

Die Hündin hatte sich so sehr daran gewöhnt, als Schauspielerin zu agieren, dass es schien, als hätte sie eine Schauspiel-

schule für Hunde besucht, so sehr konnte sie sich mit ihrer Figur identifizieren. In dieser Folge wurde die »böse Katze« von der Katze *Cleo* gespielt, die sehr gut in die Rolle des Oberkommandeurs schlüpfen konnte, der die Welt der Hunde erobern musste, um sich des Planeten Erde zu bemächtigen. Der andere Hund, *Poldo*, spielte die Rolle des Außenministers und *Briciola* war diejenige, die sich dem Oberkommandeur widersetzte. Wir müssen zugeben, dass Carlo als Regisseur ein Naturtalent war. Tatsächlich war er so gut darin, Szenen aufzunehmen, dass er als Erwachsener bestimmt auch Regisseur hätte werden können.

Neben seinen Hunden und Katzen mochte Carlo auch Delfine sehr gerne: Bei einer Bootsfahrt mit seinen Großeltern erzählte er seiner Mutter, dass er Jesus gebeten habe, ihn Delfine sehen zu lassen. Sein Gebet erzielte eine außergewöhnliche Wirkung angesichts dessen, was sein Großvater väterlicherseits berichtete: »Wenn ich an die glücklichen Momente denke, die wir mit Carlo zusammen verbracht haben, dann fand der überraschendste vor drei Jahren in Santa Margherita Ligure statt. Wir befanden uns auf hoher See in der Hoffnung, Delfine zu sehen: Plötzlich waren wir von Dutzenden von Delfinen umgeben, die um das Boot kreisten und sich gegenseitig jagten. Dieses absolut einzigartige Schauspiel dauerte etwa eine halbe Stunde lang. Es war ein unglaubliches und unvergessliches Ereignis, weil es allen Anwesenden ein Gefühl der Freude und des Glücks vermittelt hat.«

Die Beziehung zu den Großeltern

Carlo stand sowohl seinen Großeltern väterlicherseits als auch seinen Großeltern mütterlicherseits sehr nahe und liebte sie sehr. Seinen Großvater mütterlicherseits verlor er jedoch, als er erst vier Jahre alt war. Carlo erzählte, dass ihm einmal sein kürzlich verstorbener Großvater erschienen sei und ihn gebeten habe, für ihn zu beten, weil er sich im Fegefeuer befinde. Seitdem hörte er nie damit auf, für seinen Großvater zu beten und Fürbitte für ihn zu halten, insbesondere durch die Teilnahme an der Heiligen Messe, die seiner Meinung nach »das wichtigste Gebet ist, das man verrichten kann, um den Seelen der Verstorbenen zu Hilfe zu kommen, damit sie das Fegefeuer verlassen können«.

Carlo hatte auch seine Großeltern väterlicherseits sehr gern und betete zum Herrn, dass sie nicht ins Fegefeuer kommen sollten, denn er war sehr erschrocken, als er erfuhr, dass einer seiner geliebten Großväter dort war. Er setzte es sich auch zum Ziel, mit seinen Gebeten die anderen Verstorbenen im Fegefeuer zu unterstützen und für seine Familienangehörigen, seine Freunde, seine Lehrer und die Ordensleute zu beten, die er während seines kurzen irdischen Lebens kennengelernt hatte.

Wenn er seinen Großvater väterlicherseits traf, der in einer anderen Stadt lebte, hörte er ihm immer mit großem Interesse zu, um von seinen Ratschlägen und seiner großen Fähigkeit der psychologischen Selbsterkenntnis zu profitieren. Carlo liebte es, sich lange mit ihm zu unterhalten, und sein Großvater spielte mit ihm Schach und Wortspiele.

Carlo bedauerte es, seine Großeltern nicht öfter sehen zu können, weil sie weit weg wohnten, und selbst wenn sie nach Mailand kamen, war es schwierig, sie zu treffen, weil sie beruflich sehr eingespannt waren. Diese erzwungene Distanz bedeutete, dass Carlo es wie ein großes Fest empfand, wenn seine Mutter und sein Vater ihn mitnahmen, um die Großeltern väterlicherseits zu besuchen.

Trotz dieser sporadischen Besuche befolgte der Junge die Ratschläge seines Großvaters, den er sehr schätzte und der ihn auch gelehrt hatte, seine Esslust immer besser in den Griff zu bekommen.

Carlo hatte zwei Großmütter, denen er sehr nahestand. Die eine war halb irischer und halb polnischer Abstammung, die andere italienischer Herkunft. Beide sahen in ihm immer ein leuchtendes Beispiel für Reinheit und Großzügigkeit und vor allem für den Glauben. Beide Großmütter stammten aus sehr katholischen Familien und beide bestätigten, dass sie noch nie gehört hatten, dass es in einer Familie einen so guten Jungen wie diesen Enkel gab. Die 1995 verwitwete Großmutter mütterlicherseits, Luana, zog nach dem Tod ihres Mannes nach Mailand, um sich intensiver um ihre einzige Tochter Antonia und ihren Enkel kümmern zu können. Über Carlo sagte sie: »Er verehrte die Eucharistie so sehr, dass er mich einmal, als seine Mutter wegen eines Termines nach Rom gefahren war, etwas trotzig zwang, mit ihm zur Messe zu gehen, obwohl ich starke Kopfschmerzen hatte, und das geschah dann bei mehreren Gelegenheiten, vor allem an den Tagen, an denen seine Mutter wegen ihrer Arbeit nicht in Mailand sein konnte.«

Ferien in Assisi

Carlo hat die meisten seiner Ferien in Assisi in einem Haus der Familie verbracht. Hier genoss er es, zusammen mit seinen Eltern und seinen Hunden schöne Spaziergänge im Wald zu machen. Er spielte auch oft mit zwei kleinen Jungen aus Assisi, zwei Brüdern, die er durch deren Großmutter Mirella kennengelernt hatte. Assisi ist eine sehr schöne Stadt und die Umgebung bot einen Anreiz für die Jungen, frei durch Felder und Wiesen zu streifen. Mit seinen jungen Freunden Mattia und Jacopo hatte Carlo großen Spaß in dieser Gegend, in der die Erinnerung an den *Poverello* [»heiligen Franziskus«] unauslöschlich weiterlebt, der die Natur und die Geschöpfe als Spiegel der Güte und Weisheit des Schöpfers geliebt hat. Carlo, der gerne alles erforschen und immer mehr über die Schönheit des Ortes erfahren wollte, machte sich auch bei zwanglosen Spaziergängen durch die ländliche Gegend von Assisi auf die Suche nach Gott. Die reine Luft, die Sonne, die Wärme und der Wind härteten Carlo und seine Freunde, den etwa gleichaltrigen Mattia und den ein paar Jahre jüngeren Jacopo, ab. Er hing sehr an diesen beiden Jungen, weil er mit ihnen den ganzen Sommer dort verbrachte, Filme drehte, durch den Wald streifte und im städtischen Schwimmbad Ball spielte. Hier freundete er sich auch mit den Bademeistern an, denen er oft half, Schmeißfliegen aus dem Becken zu fischen, die Carlo leidtaten, weil sie Gefahr liefen zu ertrinken.

Im Sommer 2006 bat er seine Eltern um Erlaubnis, als Barkeeper im Schwimmbad arbeiten zu dürfen, weil er versuchen wollte, mit dieser Arbeit Geld zu verdienen, anstatt seine Eltern darum zu bitten.

2. Kapitel
Carlos spiritueller Weg

Die Bedeutung des heiligen Franziskus und des heiligen Antonius von Padua für Carlos Leben

Der Aufenthalt in Assisi förderte Carlos Kenntnis und Vertrautheit mit Franziskus' Botschaft. Er bewunderte vor allem die große Demut des Heiligen und versuchte, sie nachzuahmen. Tatsächlich hatte der Junge aus zahlreichen Büchern über das Leben des Heiligen erfahren, dass Franziskus so bescheiden war, dass die Biografen ihn als einen *alter Christus* [»anderen Christus«] betrachteten, weil er durch seine große Demut mehr als andere ein wahrer Jünger Jesu Christi war. Der Überlieferung zufolge wurde Franziskus gesehen, nachdem er gestorben war, wie er in einem feurigen Wagen von Assisi zum Himmel auffuhr, in der gleichen Art wie der Prophet Elija, und den Platz einnahm, der leer geblieben war, nachdem der Herr Luzifer aus dem Himmel verstoßen hatte. Dieses »Sich-klein-Machen«, das Franziskus in seinem Leben verwirklichte, war der Grund, warum viele Menschen ihn immer geliebt haben. Carlo verstand sehr gut, dass es, um von anderen geliebt zu werden, notwendig ist, demütig zu sein und sich wie ein »Nichts« zu fühlen – wie er es oft gegenüber seinem Vater und seiner Mutter ausdrückte. Er hielt es jedoch für einen großen Fehler, sich als »demütig« zu bezeichnen, nur weil man glaubt, freundlich und wohltätig dem Nächsten gegenüber zu sein, denn demütig zu sein, so sagte er, »ist das am schwierigsten zu erreichende Ziel. *Wir machen uns alle etwas vor*, denn sobald man uns etwas sagt, was uns nicht gefällt, werden wir sofort wütend.« Er hegte eine große Liebe und Verehrung für Franziskus von Assisi, weil er einer der Heiligen war, die die Eucharistie am meisten liebten. Das Leben dieses Heiligen war so hart und reich an Verzichten (er lebte mehr als 200 Tage im Jahr von Wasser und Brot), dass Carlo sich oft fragte, wie Franziskus es schaffen konnte, kreuz und quer durch Italien zu pilgern und dadurch so viele Menschen zu evangelisieren. Dank des Beispiels des heiligen Franziskus konnte Carlo durch kleine Opfer seine Esslust überwinden und so sein einziges »Laster« besiegen. Wenn er betete, trug er oft die folgende Bitte vor den Herrn: »Jesus, mach mich heilig, so wie du es willst!« Für Carlo war der vom heiligen Franziskus so rigoros zurückgelegte *Kreuzweg* beispiellos. Der Junge verbrachte viel Zeit in Assisi, lernte jedoch Franziskus' Charisma der Heiligkeit am besten in La Verna kennen, an dem Ort, an dem der Herr seinem treuen und vollkommenen Jünger das Siegel seiner Wunden eingeprägt hat. In La Verna bat Franziskus in den Nächten, die er im Gebet und in der Einsamkeit verbracht hatte, darum, etwas von der Liebe und dem Schmerz empfinden zu dürfen, die Jesus Christus bei seiner Passion auf sich genommen hatte. So betete er eindringlich: »O mein Herr Jesus Christus, ich bitte dich, mir zwei Gnaden zu gewähren, bevor ich sterbe: Die erste ist, dass ich während meines Lebens in meiner Seele und in meinem Körper, soweit es möglich ist, den Schmerz fühle, den du, süßer Jesus, in der Stunde deines bittersten Leidens ertragen hast. Die zweite ist, dass ich in meinem Herzen, soweit es möglich ist, die übermäßige Liebe empfinde, mit der du, der Sohn Gottes, bereit warst, so viele Leiden für uns Sünder zu ertragen.« Der Herr erhörte ihn und um das Fest der Kreuzerhöhung im Jahr 1224 – in der Liturgie wird der Gedenktag am 17. September gefeiert – ließ er ihn selbst an seinem Schmerz teilhaben, indem er ihm die Stigmata einprägte.

In der *Legenda Maior* hat der heilige Bonaventura von Bagnoregio das Ereignis wie folgt beschrieben: »Da sah er eines Morgens um das Fest Kreuzerhöhung, während er am Bergeshang betete, einen Seraph mit sechs feurigen, leuchtenden Flügeln von des Himmels Höhe herabkommen. Als er in schnellem Fluge dem Orte nahe gekommen war, an dem der Gottesmann betete, zeigte sich zwischen den Flügeln die Gestalt eines gekreuzigten Menschen, dessen Hände und Füße zur Kreuzesgestalt ausgestreckt und ans Kreuz geheftet waren. Zwei Flügel waren über dem Haupte ausgespannt, zwei zum Fluge ausgebreitet und zwei verhüllten den ganzen Körper. Bei diesem Anblick war Franziskus sehr bestürzt: Freude und Trauer zugleich erfüllten sein Herz. Er war voll Freude über den Blick der Gnade, mit dem er sich von Christus unter der Gestalt des Seraphs angesehen sah, doch der Anblick seines Hängens am Kreuz durchbohrte seine Seele mit dem Schwert schmerzlichen Mitleidens. Er war voll Staunen über die geheimnisvolle Erscheinung, denn er wusste wohl, dass die Schwachheit des Leidens mit der Unsterblichkeit eines Seraphs unvereinbar sei. Schließlich verstand er – denn der Herr ließ es ihn erkennen –, die göttliche Vorsehung lasse ihm deswegen diese Erscheinung zuteilwerden, damit er schon jetzt wisse, nicht das Martyrium des Leibes, sondern die Glut des Geistes müsse ihn als Freund Christi ganz zum Bild des gekreuzigten Christus umgestalten.«[6]

Carlo war sehr gerne in La Verna, um dort über die Passion Christi und das Kreuzesopfer zu meditieren. Er hat die Bedeutung der Heiligen Messe verstanden, die eine unblutige Erneuerung des Kreuzesopfers ist. Der Junge nahm auch an verschiedenen geistlichen Exerzitien in La Verna teil. Er war von Franziskus' Eifer fasziniert, der sich von allem frei machte, und gerade als der Heilige auf jedes Ansinnen von Eitelkeit und Stolz verzichtete und die Demut über alle Leidenschaften siegte, gerade dann entzündete der Herr das Feuer in seinem

Herzen, das ihn in einen lebendigen Tabernakel verwandelte. Carlo verstand sehr gut, dass der heilige Franziskus eine ewige Danksagung an den Herrn verkörperte und dass dies auch auf die große Demut zurückzuführen war, die der Heilige am Ende seines Lebens erreicht hatte. Von dieser Intuition berichtete Carlo seiner Familie und alle stimmten ihm zu. Angeregt durch den *Poverello*, der für ihn ein Vorbild war, das er bevorzugte, um die Demut zu lernen, gelang es Carlo, sich zu überwinden und Zeugnis für das Evangelium abzulegen. Viele Menschen, die ihn kannten, waren von seiner Lebensweise tief beeindruckt: »Ich erinnere mich, dass Carlo immer kam, um mich zu begrüßen. Oft blieb er auch stehen, um sich mit mir zu unterhalten. Er war ein bescheidener Junge und hat mich nie in Verlegenheit gebracht, weil ich Ausländer war. Er war ein ganz besonderer Junge.«

»Er war ein sehr religiöser Junge, der immer zur Messe ging. Das hat mich sehr beeindruckt. Er gab mir immer einige seiner Sachen und lieh mir alles, wenn ich darum bat. Er war immer sehr großzügig. Ich bin Ausländer, aber bei Carlo habe ich mich immer wohlgefühlt. Sein Tod hat bei mir eine große Leere hinterlassen.«

»Die Strenge, mit der Carlo seine eigene Person beurteilte, brachte ihn dazu, selbst die kleinsten Fehler zu beichten. Die Bescheidenheit, die er besaß, war sicherlich ein Geschenk des Herrn, denn aus einer solch bedeutenden Familie stammte sonst noch nie ein Junge, der so einfach war und so freundlich mit allen umging.«

»Carlos Tugenden und sein starker christlicher Glaube sind vielen Menschen, die mit ihm in Kontakt kamen, bekannt: Er war ein lieber, guter, großzügiger, wohltätiger, loyaler und selbstloser Junge. In der Tat hat er uns so viel Sympathie, Freundlichkeit, Ruhe, eine herzliche, selbstlose Zuneigung und eine große christliche Liebe geschenkt. Seine innere Stärke hat uns Kraft, Mut und Hoffnung gegeben. Sein Optimismus hat uns vor allem gelehrt, alles, was die Zukunft für uns bereithält, immer als das Beste anzunehmen.«

»Dieses Kind war sehr liebevoll, großzügig und höflich. Ich erinnere mich, dass er gerne mit Drachen spielte … Carlo war ein sehr bescheidenes Kind, er hat nie mit seinen Fähigkeiten und der Bedeutung seiner Familie geprahlt.«

»Carlo machte es zu seinem Motto, dass ›so viele Privilegien auch viel Verantwortung mit sich bringen‹ … Er war äußerst hilfsbereit jedem gegenüber, der zu ihm kam, offen für ehrenamtliche Arbeit … Ich war beeindruckt, wie völlig unvoreingenommen er sich gegenüber seinen Freunden verhielt, besonders wenn es sich um Jugendliche aus bescheidenen Verhältnissen handelte. Er hatte sich die Einfachheit auf die Fahnen geschrieben. Als Einzelkind war er nicht im Geringsten verwöhnt.«

»Carlo vermittelte Frieden und ein Gefühl der Fröhlichkeit, es war, als würde man einen Engel sehen. Seine Bescheidenheit war entwaffnend, sein Lächeln offen und freundlich. Er besaß eine unendliche Demut, Großzügigkeit und Nächstenliebe.«

»Ich war beeindruckt von seiner großen Intelligenz, seiner Sensibilität und seiner Höflichkeit, und ich konnte aus unseren Gesprächen schließen, dass er einen großen Glauben und ein gutes Herz hatte. Ich betrachte ihn als ein Beispiel für viele Menschen, was Glauben, Intelligenz und gutes Benehmen betraf …«

»Er war ein sehr bescheidener Junge, obwohl seine Familie sehr wohlhabend war. Ich habe ihn nie über Geld reden oder mit irgendetwas prahlen hören.«

»Er war ein sehr bescheidener und einfacher Junge trotz der Talente, die er hatte, und der Bedeutung seiner Familie.«

»Er blähte sich nie auf und sprach über niemanden schlecht.«

Ein Chefredakteur von Radio Vatikan sagte über ihn:

»Ein Gespräch mit Carlo war nicht nur wohltuend, sondern er vermittelte auch ein Gefühl des geistigen Wohlbefindens, denn er strahlte eine große Gelassenheit aus. Ein weiterer Aspekt seiner Persönlichkeit war die Einfachheit, die von einer aufrichtigen Bescheidenheit begleitet wurde.«

»Carlo kam manchmal, um die Schlüssel zum Bereich für die Jugendfreizeit abzuholen, weil er für die Kinder der Gemeinde verantwortlich war, und er begrüßte mich so freundlich, dass ich von ihm restlos begeistert war. Im Vergleich zu den anderen Jungen war Carlo wirklich etwas Besonderes. Ich werde seine große Freundlichkeit und Höflichkeit nie vergessen. In ihm konnte man einen großen Glauben und eine große Nächstenliebe erkennen.«

»Wir erinnern uns, dass er ein sehr höflicher Junge war, sehr bescheiden, großzügig und sehr gehorsam.«

Carlo verehrte nicht nur den heiligen Franziskus sehr, sondern auch den heiligen Antonius von Padua. An ihm bewunderte er vor allem das leuchtende Beispiel der Demut und des tiefen Glaubens an den eucharistischen Gott, der sich allen Menschen guten Willens schenkt. Dem Jungen gefiel die Geschichte sehr gut, nach der der heilige Antonius in Rimini einen Ketzer bekehrt hatte, der nicht an die wirkliche Gegenwart Jesu in der Eucharistie glaubte. Carlo erfuhr von diesem Ereignis aus einer der zuverlässigsten Quellen über das Leben des Heiligen: »In der Region von Tolosa, wo der selige Antonius mit Vehemenz über das rettende Sakrament der Eucharistie mit einem starrköpfigen Häretiker diskutierte, ihn fast überzeugt und zum katholischen Glauben bekehrt hatte, sprach dieser, nachdem er versucht hatte, sich den vielen verschiedenen Argumenten zu entziehen, diese Worte: ›Lassen wir das Reden und kommen zu den Tatsachen. Wenn du, Antonius, es schaffst, mit einem Wunder zu beweisen, dass in der Kommunion der wahre Leib Christi, wenn auch verborgen, zugegen ist, dann bin ich bereit, der Ketzerei abzuschwören und den katholischen Glauben anzunehmen.‹

Der Diener des Herrn antwortete ihm mit großer Zuversicht: ›Ich vertraue auf meinen Retter Jesus Christus, dass ich für deine Bekehrung und die der anderen durch seine Barmherzigkeit das erhalten werde, was du forderst.‹

Der Häretiker erhob sich und gebot mit einem Zeichen der Hand Ruhe. Dann sprach er: ›Ich werde mein Lasttier drei Tage lang einsperren und es die Qualen des Hungers spüren lassen. Wenn die drei Tage verstrichen sind, werde ich es in Gegenwart der Leute herausholen und ihm den Hafer zeigen. Du sollst ihm ebenfalls gegenüberstehen mit dem, was du als den Leib Christi bezeichnest. Wenn das ausgehungerte Tier den Hafer meidet und sich anschickt, Gott zu huldigen, dann werde ich sicherlich an die Botschaft der Kirche glauben.‹ Sofort gab der heilige Pater sein Einverständnis. Da rief der Häretiker aus: ›Hört gut zu, ihr Leute!‹ Es kam sodann der Tag der Herausforderung. Die Menschen waren von überallher gekommen und füllten den weiten Platz. Der Diener Christi, Antonius, war mit einer großen Schar gläubiger Menschen anwesend. Und der Häretiker war ebenfalls da mit vielen Freunden. Mit einem Messgewand bekleidet, um in einer nahe gelegenen Kapelle die Messe zu feiern, betrat der Diener Gottes mit großer Ergebenheit die Kirche. Nach Beendigung der Messe trat er zu dem wartenden Volk hinaus, wobei er mit höchster Verehrung die konsekrierte Hostie in seinen Händen hielt. Der ausgehungerte Esel wurde aus seinem Stall geholt und es wurde ihm schmackhaftes Futter vorgesetzt. Als schließlich Ruhe eingekehrt war, befahl der Mann Gottes in tiefem Glauben dem Tier: ›Mit der Macht und im Namen des Schöpfers, den ich, der ich seiner unwürdig bin, wahrlich in Händen halte, sage ich dir, o Tier, und befehle ich dir, dich ihm umgehend mit Bescheidenheit zu nähern und ihm die gebotene Verehrung zuteilwerden zu lassen, damit den böswilligen Ketzern durch deine Geste deutlich wird, dass jede Kreatur ihrem Schöpfer gehorcht, der in den Händen der geistlichen Würdenträger auf dem Altar anwesend ist.‹ Der Diener des Herrn hatte diese Worte noch nicht beendet, als das Tier das Futter liegen ließ, den Kopf bis zu den Hufen hinuntersenkte, sich dem Heiligen näherte und vor dem belebenden Sakrament des Leibes Christi niederkniete.«[7]

Carlo war sehr beeindruckt von dem Wunder des heiligen Antonius und meinte dazu: »Ganz gewiss war das Tier direkt vom Herrn inspiriert worden, um den Unglauben der meisten Menschen infrage zu stellen, die es sicher vorgezogen hätten, eine gute Mahlzeit zu sich zu nehmen, anstatt den Herrn anzubeten.« Carlo pilgerte mehrmals nach Padua, um am Grab des Heiligen zu beten, den er für ein Vorbild der eucharistischen Frömmigkeit und einen echten Jünger Christi hielt.

Carlos Nächstenliebe

Das Beispiel des heiligen Franziskus und des heiligen Antonius mit ihren Taten der Nächstenliebe, die sie in ihrem Leben den Armen gegenüber vollbrachten, war für Carlo ein Ansporn, es ihnen gleichzutun. Er versuchte, kleine Fortschritte in der Großzügigkeit zu machen. Als er in Assisi mit seinen Hunden spazieren ging, entdeckte er einen Bettler, der seit mehreren Tagen in einem öffentlichen Park auf dem Boden geschlafen hatte. Seine Großmutter mütterlicherseits, Luana, bezeugt: »Carlo erinnerte mich jeden Abend daran, Essen für den armen Mann zuzubereiten, und er legte immer einen Euro von seinem Taschengeld neben ihn, damit der Bettler, wenn er aufwachte, diesen neben sich finden würde.«

Carlo half den Ärmsten, den weniger Begünstigten und manchmal gab er auch denjenigen Almosen, die auf der Straße bettelten. Wichtig sind die Aussagen von zwei Bettlern, die Carlo kannten und sich für seine Großzügigkeit bedanken wollten:

»Ich habe Carlo Acutis gekannt, weil ich ihn während der Woche immer sah, wie er zur Messe ging … Aufgrund meiner Arbeitslosigkeit war ich gezwungen, am Eingang der Kirche *Santa Maria Segreta* um Almosen zu bitten. Ich erinnere mich an Carlo, der in meinem Herzen einen Platz hat und dort immer bleiben wird wegen seiner großen Freundlichkeit, seiner Gutherzigkeit und seiner Höflichkeit. Ab und zu gab er mir etwas Geld, das, wie ich glaube, von seinem Taschengeld stammte. Leider trifft man heutzutage wirklich wenige Jungen, so wie Carlo einer war …«

»Ich lernte den jungen Carlo Acutis kennen, weil ich bei der Kirche *Santa Maria Segreta* bettelte. Jeden Tag nahm Carlo entweder an der 18- oder 19-Uhr-Messe teil. Er gab mir oft sein Taschengeld und unterhielt sich immer mit mir, um mich aufzuheitern. Ich erinnere mich noch immer an seine Freundlichkeit, seine Großzügigkeit und seinen tiefen Glauben. Als meine Freundin Giuseppina, die ich im Obdachlosenheim kennengelernt hatte, aufgrund eines psychischen Schocks fast nicht mehr leben wollte, war niemand außer Carlo, seiner Mutter und mir daran interessiert, Giuseppina zu helfen, die blutete und nicht mehr essen und trinken wollte. Carlo und seine Mutter schafften es, dass sie ins Krankenhaus *Fatebenefratelli* eingeliefert und dort aufgenommen wurde, wo man sich 40 Tage lang um sie kümmerte. In diesem Stadtviertel hat sich kein einziger Junge außer Carlo für mich interessiert. Er war zu gut und zu rein für diese Welt, ich werde ihn nie vergessen.«

Carlo versuchte außerdem, einige Missionare zu unterstützen. Insbesondere bezeugt der Kapuzinerpater Giulio Savoldi, Vizepostulator und Beichtvater des Dieners Gottes Br. Cecilio Maria Cortinovis, des Pförtnerbruders, der in Mailand ein Aufnahmezentrum für die Ärmsten gegründet hatte, in dem täglich fast 5000 Mahlzeiten ausgegeben wurden: »Vor Kurzem hat der Herr den 15-jährigen Carlo Acutis zu sich genommen, um ihn wie eine prächtige Blume in den Garten des Paradieses zu verpflanzen. Ich hatte das Glück, ihm mehrmals begegnet zu sein, und ich habe sehr lebhafte Erinnerungen an ihn. Er war ein heiterer Junge mit einem strahlenden Gesicht, offen für alles Gute und Schöne, sicherlich bestärkt durch den Geist des Herrn. Er war sehr sensibel gegenüber der Armut und dem Leid der anderen und er wollte nach seinen Möglichkeiten dazu beitragen, das Leid derjenigen zu lindern, die in jeder Hinsicht weniger Glück hatten als er selbst. Das erklärt, weshalb er mir als kleiner Junge eines Tages spontan und mit viel Liebe den Inhalt seines Sparschweins für die bedürftigsten Kinder brachte. Er setzte sich für seine Mitmenschen ein, die sich in Schwierigkeiten befanden, um ihnen Zuversicht und Sicherheit zu vermitteln, um ihnen die Freude über das gebrachte Opfer über jede Pflicht hinaus und die gegenseitige Achtung im Licht des Friedens und der Versöhnung vor Augen zu führen. Er neigte nicht dazu, über diejenigen, die unrecht taten, ein Urteil zu fällen, sondern er bemühte sich, die aufgewühlten Gemüter zu beruhigen, Gelassenheit und Frieden zu verbreiten in der Nachfolge Jesu, der vom Vater gesandt worden war, nicht um zu richten, sondern um zu retten. Ich danke dem lieben Gott, dass ich ihn kennenlernen und bewundern durfte. Ich empfinde ihn vor allem als Wegweiser, der mich aufruft, in Treue und Heiligkeit meiner Berufung nach den geheimnisvollen Plänen Gottes zu folgen, die immer von seiner unendlichen Güte und Barmherzigkeit geprägt sind.«

Carlo stand den Ärmsten besonders nahe und wiederholte immer wieder, dass »Menschen, die über große finanzielle Mittel oder Adelstitel verfügen, nicht damit prahlen sollen, damit sie andere, die über weniger verfügen, nicht in Verlegenheit bringen«. Carlo betonte oft, dass ihn diese Dinge nicht interessierten, denn, wie er selbst sagte, »Adelstitel und Geld sind nur Makulatur. Was im Leben zählt, ist der Adel des Geistes, d. h. die Art und Weise, wie man Gott und seinen Nächsten liebt.« Seine Bescheidenheit, Großzügigkeit und Menschlichkeit waren so groß, dass er keine Form der sozialen Ungerechtigkeit duldete, denn er sagte, dass »alle Menschen Geschöpfe Gottes sind«.

Carlo und die Ewigkeit

In Carlos Spiritualität waren für ihn immer die Letzten Dinge präsent, d. h. Tod, Gericht, Hölle und Paradies, die so genannt werden, weil sie die letzten Realitäten betreffen. Das ausgeprägte Bewusstsein für diese Themen brachte ihm in der Vergangenheit einige kleinere Schikanen ein, insbesondere von einigen seiner Freunde, die ihn für überspannt und ein wenig »bigott« hielten. Trotz dieser kleinen Angriffe hat er von seiner Vision von Hölle, Paradies und Fegefeuer stets Zeugnis gegeben, wie einige seiner Gedanken zu diesem Thema deutlich machen: »Wenn die Seelen wirklich Gefahr laufen, verdammt zu werden, wie viele Heilige es bezeugten und auch die Erscheinungen von Fatima es bestätigten, frage ich mich, warum man heute kaum noch über die Hölle spricht, denn sie ist eine so schreckliche und beängstigende Sache, dass es mir einen Schrecken einjagt, nur daran zu denken.«

Im Zusammenhang mit diesen Überlegungen, die Carlo oft anstellte, erzählte sein Vater: »Mein Sohn führte ein ganz normales Leben, aber er dachte immer daran, dass er früher oder später sterben würde. Wenn er nach der Zukunft gefragt wurde, antwortete er oft: ›Ja, wenn wir morgen und übermorgen noch leben, denn ich kann dir nicht sagen, wie viele Jahre wir alle leben werden, denn nur Gott kennt die Zukunft.‹«

Carlo war davon überzeugt, dass es unerlässlich ist, ein integres Leben zu führen, und dass selbst die kleinsten Sünden gebeichtet werden müssen, damit die Seele immer »makellos und bereit ist, Gott zu begegnen«. Der Gedanke an sein ewiges Heil drängte ihn dazu, wachsam und stets bereit zu sein, dem Herrn zu begegnen.

Carlos Verehrung für den Papst

Carlo war von seinem ersten Besuch im Vatikan anlässlich des großen Jubiläums im Jahr 2000 sehr beeindruckt, als die Bischöfe aus der ganzen Welt zusammen mit Papst Johannes Paul II. die Weihe des Jahrtausends an die Gottesmutter vornahmen. Er war gerührt, als er sah, dass der gesamte Weltepiskopat auf dem Petersplatz versammelt und die Statue der Madonna von Fatima eigens zur Weihe aus Portugal gebracht worden war.

Bei einer anderen Gelegenheit nahm Carlos Mutter ihn mit nach Rom, um die Vatikanischen Museen zu besichtigen, und eine Freundin seiner Mutter, die eine Buchhandlung in der Via della Conciliazione führte, nahm ihn mit in die Vatikanischen Gärten, damit er die Orte betrachten konnte, an denen der Papst üblicherweise spazieren geht. Dieser Besuch beeindruckte ihn und war ein großes Geschenk für ihn. Carlo schätzte den Papst und die Kirche sehr: Kurz vor seinem Tod opferte er seine Leiden für sie auf. Dieses Opfer war seine Reaktion auf die Aufrufe der Hirtenkinder von Fatima, die ihre Opfer für die Sünder und den Papst brachten.

Carlo war dem Papst, dem Oberhaupt und Leiter der Weltkirche, schon immer sehr verbunden. Er hat oft die Position der Kirche zu bestimmten moralischen und lehrmäßigen Wahrheiten gegenüber Gegnern der Lehre der Kirche und des Papstes verteidigt.

Carlo erachtete es als notwendig, die Einladungen zu Gebet und Fasten anzunehmen, die sowohl Papst Johannes

Paul II. als auch Papst Benedikt XVI. an die Katholiken richteten.

Die Freundin seiner Mutter, die mit ihm die Vatikanischen Gärten besucht hatte, bezeugt: »Der junge Carlo Acutis ist mir wegen seiner Verehrung für den Papst und die Eucharistie besonders im Gedächtnis haften geblieben, und da ich einen Ausweis hatte, der mir den Zutritt zum Vatikan ermöglichte, fragte Carlo mich, ob ich ihm einmal das Geschenk machen könnte, die Orte zu besuchen, an denen der Heilige Vater lebte, und da er so sehr darauf brannte, sagte ich ihm zu, ihn noch am selben Nachmittag dorthin mitzunehmen, da ich im Supermarkt im Vatikan einige Besorgungen machen musste. Ich nahm ihn auch mit in die Gärten und an die Orte, an denen der Papst normalerweise spazieren geht. Carlo war sehr aufgewühlt bei dem Gedanken, dass er den Papst treffen könnte, und das rührte mich sehr. Während unseres Besuches sprachen wir über viele Themen, und ich konnte den großen Glauben von Carlo erkennen und bewundern. Carlo erzählte mir auch von all den ehrenamtlichen Tätigkeiten, die er in der Pfarrgemeinde und in der Schule leistete, und so konnte ich auch seine große Nächstenliebe würdigen. Nach dem Besuch der Vatikanischen Gärten nahmen wir an der Heiligen Messe teil und Carlo erzählte mir, dass er jeden Tag die Heilige Messe besucht.«

Carlo als Katechet

Carlo betete immer für die Angehörigen aller Religionen, angefangen bei den Juden, über die er auch mithilfe seines Computers ein spezielles Schulprojekt mit einem Programm erarbeitete, das nur Profis benutzen. Er sagte, dass »das größte Geschenk, das Gott der Menschheit gemacht hat, darin besteht, seinen einzigen Sohn, Jesus Christus, zu senden«, und dass er es bedaure, dass ihn nicht alle kennen. Deshalb hat er immer darauf hingewiesen, dass »es sehr wichtig ist, zu beten und für andere einzutreten, damit Jesus Christus von allen Völkern der Erde geliebt und erkannt wird«.

Auch der interreligiöse Dialog war für Carlo ein privilegierter Moment, um unseren Glauben und die Gebote des Evangeliums, die mit vielen Verzichten und Opfern verbunden sind, besser bekannt zu machen. Carlo hatte die Gelegenheit, über das Fernsehen am 24. Januar 2002 am interreligiösen Treffen in Assisi teilzunehmen, das von Papst Johannes Paul II. initiiert und von ihm geleitet wurde. Bei dieser Gelegenheit sagte Carlo, dass »der Papst ganz gewiss von Gott inspiriert wurde, diese interreligiösen Begegnungen zu initiieren, weil er auf diese Weise allen die Möglichkeit gab, Jesus Christus zu erkennen und lieben zu lernen, den einzigen Retter der Welt, von dem das Heil aller Menschen abhängt«.

Carlo hatte oft Kontakt mit Angehörigen der buddhistischen und hinduistischen Religion und er hatte begonnen, dafür zu beten, dass auch sie Jesus Christus kennenlernen würden. Er sagte, dass »das Evangelium allen Völkern verkündet werden muss, wie Jesus Christus es geboten hat«. In diesem Zusammenhang sollen die Aussagen einiger Hindus wiedergegeben werden, darunter Rajesh, einer der Hausangestellten, der dem Jungen besonders zugetan war, weil er ihn schon seit seinem vierten Lebensjahr kannte.

Es erscheint angebracht, kurz auf die Freundschaft zwischen Rajesh und Carlo einzugehen. Rajesh wurde zu einer Bezugsperson, einer Art Spielkamerad und Vertrautem, so sehr, dass Carlo ihn sogar als »meinen treuen Freund Rajesh« bezeichnete.

Carlo spielte oft mit Rajesh, dem es Spaß machte, als Schauspieler zu agieren. Er liebte es, die Rolle des internationalen Spions im Stil von James Bond zu spielen, was ihm sehr gut gelang. Deshalb hatte der Junge Spaß daran, ihn mit seiner Kamera zu filmen, und dies gab ihnen viele Anlässe zum Lachen. Rajesh schildert in seiner nachfolgenden Aussage seine Meinung über Carlo: »Angesichts Carlos tiefer Religiosität und seines großen Glaubens war es normal, dass er mir oft Katechesen über die katholische Religion gab, da ich ein Hindu aus der Priesterkaste der Brahmanen war. Carlo sagte, dass ich eines Tages glücklicher sein würde, wenn ich Jesus näherkäme, und er unterwies mich oft im Glauben, indem er die Bibel, den Katechismus der Katholischen Kirche und die Geschichten der Heiligen benutzte. Carlo kannte den Katechismus der Katholischen Kirche fast auswendig und erklärte ihn auf so brillante Weise, dass es ihm gelang, mich für die Bedeutung der Sakramente zu begeistern. Carlo war sehr begabt darin, theologische Lehrinhalte zu vermitteln, die selbst Erwachsene nicht erklären konnten. Nach und nach begann ich, Carlos Ratschläge und Lehren wirklich ernst zu nehmen, bis ich mich entschloss, mich taufen zu lassen. Carlo war für mich ein Meister des authentisch gelebten christlichen Lebens und ein Vorbild von außergewöhnlicher Moral. Ich ließ mich taufen, weil Carlo mich mit seinem tiefen Glauben, seiner großen Nächstenliebe und seiner großen Reinheit angesteckt und bezaubert hat, was ich immer als ungewöhnlich empfunden habe, denn ein so junger, schöner und reicher Junge führt normalerweise ein ganz anderes Leben. Carlo war ein solch großes Vorbild in der Spiritualität und Heiligkeit, dass ich in mir den Wunsch verspürt habe, mich taufen zu lassen, um danach die Kommunion empfangen zu können. Er hat mich darauf hingewiesen, wie wichtig es ist, jeden Tag zur Eucharistie zu gehen und die Jungfrau Maria durch das Gebet des Rosenkranzes zu verehren und zu versuchen, ihre heroischen Tugenden nachzuahmen. Das Kind sagte immer zu mir, dass ›die Tugenden vor allem durch ein intensives sakramentales Leben erworben werden, dass die Eucharistie sicherlich der Höhepunkt der Nächstenliebe ist und dass der Herr uns durch dieses Sakrament zu vollkommenen Menschen macht, die nach seinem Bild geschaffen sind‹. Er zitierte für mich die Worte, die er auswendig kannte, aus dem Evangelium des Apostels Johannes aus Kapitel 6, wo Jesus sagt: ›Wer mein Fleisch isst und mein Blut trinkt, der bleibt in mir und ich bleibe in ihm, und ich werde ihn auferwecken am Jüngsten Tag‹, und danach erklärte er mir, dass die Eucharistie das Herz Christi sei. Einmal erklärte er mir auch die Bedeutung der Andacht zum Heiligsten Herzen Jesu am ersten Freitag des Monats und zum Herzen Mariens an den ersten Samstagen von fünf aufeinanderfolgenden Monaten. Er sagte, dass ›das Herz Jesu und das Herz Mariens untrennbar miteinander verbunden sind und dass man beim Empfang der Kommunion auch in direktem Kontakt mit der Gottesmutter und den Heiligen im Paradies steht. Gott freut sich sehr, wenn die Seelen oft seine großen Gaben empfangen, die die Eucharistie und das Sakrament der Beichte sind.‹ Er unterwies und bereitete mich auch auf den Empfang des Sakraments der Firmung vor und sagte, dass dies sehr wichtig sei. Er erzählte mir, dass er, als er das Sakrament der Firmung empfing, eine geheimnisvolle Kraft in sich gespürt habe, die ihn umgab, und dass seither seine Hingabe an die Eucharistie zugenommen habe. Als ich das Sakrament der Firmung empfing, fühlte ich dasselbe. Was mir an Carlo am meisten auffiel, war seine große Reinheit und seine Treue beim täglichen Besuch der Heiligen Messe. Carlo hatte eine solch leuchtende Vorstellung vom katholischen Glauben, dass es ihm gelang, jeden mit der Ruhe und Sanftheit, mit denen er die Glaubenswahrheiten darlegte, anzustecken.«

Sadhna Pooneeth Jugnah, eine Angehörige des hinduistischen Glaubens, sagte über Carlo aus: »Ich erinnere mich, dass Carlo immer zur Messe ging und dass er sehr gut war. Als er heranwuchs, behielt er seinen großen Glauben bei, sodass ich ihn meinen Kindern aus meiner ersten Ehe mit einem hinduistischen Mann immer als Beispiel vor Augen führte. Während der Feier von Carlos Beerdigung empfing ich eine Art Gnade: Ich versöhnte mich mit meiner Nichte Vanessa, mit der ich seit Jahren nicht mehr gesprochen hatte, und verspürte den Wunsch, mich taufen zu lassen ... Mein Cousin Rajesh vertraute mir an, dass er, der Sohn von Brahmanen aus der Priesterkaste, dank Carlos Glaubenszeugnis im christlichen Glauben getauft wurde und dass Carlo ihm nachmittags Katechismus-Unterricht erteilt und mit ihm Filme über die Bibel und die Erscheinungen der Gottesmutter in Fatima und Lourdes angeschaut habe, die er auch mir und meinen Kindern gezeigt hatte.«

Satya Cooldeo Jugnah hatte Carlo gekannt und er behielt ebenfalls lebhafte Erinnerungen an sein konsequentes christliches Leben im Gedächtnis: »Ich kann bezeugen, dass sein Glaube an Gott und seine Verehrung der Eucharistie, die ich bei mehreren Gelegenheiten miterlebt habe, weil ich ihn nachmittags mit seiner Mutter zur Messe gehen sah, selbst für mich als Hindu und Angehöriger der indischen Brahmanenkaste immer ein sehr großes Vorbild war. Ich bin fest davon überzeugt, dass Carlo nahe bei Gott, dem Herrn, ist und er uns in unseren materiellen und geistigen Nöten hilft.«

Seeven Kistnen gab folgendes Zeugnis über Carlo: »Ich lernte Carlo Acutis kennen, als ich noch nicht im christlichen Glauben getauft war, und ich kam oft zu Carlo nach Hause, um Rajesh zu besuchen, der ein guter Freund von mir ist. Carlo erklärte mir den katholischen Glauben, gab mir Katechismus-Unterricht und erzählte mir von den Erscheinungen Unserer Lieben Frau von Fatima, Lourdes und den eucharistischen Wundern. Diese Tatsache und eine besondere Gnade, von der ich glaube, dass sie die Frucht von Carlos Gebeten war, die er für mich an den Herrn gerichtet hat, überzeugten mich, sodass ich die katholische Religion annahm und mich taufen ließ. Außerdem kann ich bezeugen, dass Carlo jeden

Tag mit seiner Mutter zur Messe ging und ich ging auch oft mit ihnen dorthin. Ich habe in Carlo immer ein Beispiel für christliche Beständigkeit und große Freigiebigkeit und Demut gesehen, wie ich sie bei niemandem sonst entdeckt habe.«

Carlo und die Eucharistie

Der Schwerpunkt von Carlos Spiritualität war seine tägliche Begegnung mit dem Herrn in der Eucharistie, in der für ihn »Jesus wirklich in der Welt anwesend ist wie zur Zeit der Apostel, als die Jünger ihn mit einem lebendigen Körper auf den Straßen von Jerusalem gehen sahen«. Er sagte oft: »Die Eucharistie ist meine Autobahn zum Himmel!« Das ist die Zusammenfassung seiner Spiritualität und das Zentrum seiner ganzen Existenz, die er in der Freundschaft mit Gott verbracht hat.

Als Carlo noch sehr klein war, schenkte seine Mutter ihm ein kleines weißes Lämmchen. Es war sein erstes Geschenk und er spielte oft damit und hütete es sorgfältig. Das Lämmchen schien fast ein Vorausbild für die große Verehrung, die Carlos für den eucharistischen Jesus hegte, und tatsächlich war das Leben des Jungen ein wenig wie eine Eucharistie. Wie bereits erwähnt, opferte Carlo im Sterben sein Leiden für den Papst und die Kirche auf in Verbindung mit Christus, der sich in allen Heiligen Messen als Opfer für die Rettung der Seelen darbringt.

Das Leben des Jungen war wie eine Heilige Messe, denn es glich dem der unbefleckten Lämmer, die anlässlich der Osterfeierlichkeiten getötet werden. Die Eucharistie war der Schwerpunkt seiner Spiritualität, sie war seine Sonne, die er wie verzaubert in jenem mystischen Himmel betrachtete, in den er um jeden Preis gelangen wollte. Carlo sagte oft: »Die Muttergottes ist die einzige Frau in meinem Leben«, und er versäumte nie »die edelste Verabredung des Tages«, nämlich das Beten des Rosenkranzes.

Carlo wusste, dass durch die Anbetung des Allerheiligsten Altarsakraments – mindestens eine halbe Stunde lang – oder das Beten des Rosenkranzes in der Kirche, in der Familie oder in der Gemeinschaft unter den von der Kirche vorgeschriebenen Bedingungen ein vollkommener Ablass gewährt wird. Deshalb verweilte Carlo in der Kirche, um eucharistische Anbetung zu halten und den Ablass für die bedürftigsten Seelen im Fegefeuer aufzuopfern.

Carlo sagte: »Meiner Meinung nach verstehen viele Menschen den Wert der Heiligen Messe nicht wirklich, denn wenn sie das große Glück erkennen würden, das der Herr uns geschenkt hat, indem er sich selbst als Speise und Trank in der heiligen Hostie gegeben hat, würden sie jeden Tag zur Heiligen Messe gehen, um an den Früchten des gefeierten Opfers teilzuhaben, und sie würden auf viele überflüssige Dinge verzichten!«

Nach der Erstkommunion begann Carlo mit der Erlaubnis seines geistlichen Begleiters, der seine Verehrung der Eucharistie kannte, jeden Tag zur Messe zu gehen. Carlo wiederholte oft, dass »die Seelen durch die Frucht der täglichen Eucharistie in erhabener Weise geheiligt werden und nicht dem Risiko ausgesetzt sind, in gefährliche Situationen zu geraten und ihr ewiges Heil zu gefährden«. Indem er die Hirtenkinder von Fatima nachahmte, brachte er kleine Opfer für diejenigen, die den in der Eucharistie anwesenden Herrn Jesus nicht lieben.

Sein geistlicher Begleiter schrieb über Carlos große Verehrung der Eucharistie und der Priester: »Carlo erkannte mit einer besonderen Feinfühligkeit, ob die Priester die Messe hingebungsvoll zelebrierten, und wenn er feststellte, dass sie sich nicht sehr mit der Eucharistiefeier identifizierten, war er traurig. Mehr als einmal sagte er zu mir, ›dass die Priester, die die ausgestreckten Hände Christi sind, den Herrn mit Enthusiasmus bezeugen müssen und dass sie selbst leuchtende Vorbilder sein müssen und nicht automatische Wiederholer eines liturgischen Ritus, in den sie nicht ihr eigenes Herz legen und aus dem ihr Glaube an Gott nicht hervorleuchtet‹. Carlo praktizierte die eucharistische Anbetung auch vor oder nach der Messe, ›um Jesus für das große Geschenk zu danken, das er den Menschen gemacht hat, indem er wirklich im Sakrament der Eucharistie anwesend ist‹. Mehr als einmal bat er mich um Rat, wie er Menschen, die die Sonntagsmesse nicht besuchen, besser überzeugen könnte, und er erzählte mir, dass die Menschen zu strahlen beginnen, wenn er über das eucharistische Wunder von Lanciano und die Erscheinung des Engels der Eucharistie bei den Hirtenkindern von Fatima spreche. Ich habe ihn immer ermutigt, das Wort des Herrn zu verkünden, wenn sich die Gelegenheit ergeben würde. Ich freute mich sehr über seinen großen apostolischen Eifer und hatte die starke Hoffnung, dass Carlo eines Tages den Weg des Priestertums einschlagen würde.«

Carlo bestätigte, dass der entscheidende Moment, um den Herrn um Gnaden zu bitten, die Wandlung während der Eucharistiefeier ist, wenn der Herr Jesus Christus sich dem Vater darbringt. Er erklärte: »Wer kann für uns ein größerer Fürsprecher sein als der Herr, der sich selbst Gott aufgeopfert hat? Während der Wandlung ist es angemessen, Gott, den Vater, um Gnaden durch die Verdienste seines eingeborenen Sohnes Jesus Christus zu bitten, durch seine heiligen Wunden, sein kostbares Blut und die Tränen und Schmerzen der Jungfrau Maria, die als seine Mutter mehr als jede andere für uns Fürsprache einlegen kann.« Am Ende der Wandlung betete Carlo: »Durch das Heiligste Herz Jesu und das Unbefleckte Herz Mariens bringe ich dir alle meine Bitten und bitte dich, mich zu erhören.« Carlo liebte besonders ein Stoßgebet, das er von einer Ordensschwester in Klausur gelernt hatte, weil es die schmerzhaftesten Momente der Passion des Schmerzensmannes widerspiegelt. Er sprach dieses Gebet oft: »O Wunden Jesu, Ausdruck der Liebe und Barmherzigkeit Jesu, tretet beim göttlichen Vater für uns ein und erlangt für uns eine innerliche Verwandlung.«

Jedes Mal, wenn Carlo den eucharistischen Jesus empfing, sagte er: »Jesus, bleibe bei mir! Mach es dir gemütlich!«, und er wiederholte oft: »Man kommt direkt in den Himmel, wenn man jeden Tag die Eucharistie empfängt!«

Mehr als einmal sagte Carlo diese Worte: »Jesus ist wirklich einzigartig, denn er verbirgt sich in einem Stückchen Brot, und nur Gott kann etwas so Unglaubliches tun!«

Als er allmählich heranwuchs, nahm seine Liebe zur Eucharistie immer mehr zu. Wenn er wegen seiner immer stärkeren schulischen Verpflichtungen nicht zur Messe gehen konnte, sammelte er sich tief und empfing in der geistlichen Kommunion Jesus in seinem Herzen. Carlos große Verehrung der Eucharistie und seine Hingabe an den heiligen Rosenkranz hinderten ihn nicht daran, ein lebhafter Junge zu sein und viele Freunde zu haben.

Gewöhnlich übte er ein wertvolles Apostolat bei seinen Schulkameraden und den unschlüssigeren Freunden aus. So erklärte er ihnen das Geheimnis der Eucharistie anhand der Berichte über die wichtigsten eucharistischen Wunder, die sich im Laufe der Jahrhunderte ereignet haben. Kurz vor seinem Tod pilgerte er zum Heiligtum von Santarém in Portugal, wo sich ein bedeutendes eucharistisches Wunder ereignet hatte: Aus einer gestohlenen Hostie sickerte Blut heraus und Lichtkegel strahlten von ihr aus. Carlo kannte auch die wundersamen Erlebnisse der seligen Alexandrina Maria da Costa, einer Mystikerin der Eucharistie, die in Balazar, Portugal, gelebt hat.

Lange Zeit bettlägerig, ernährte sie sich mehr als 13 Jahre lang nur von der konsekrierten Hostie.

Carlo dachte lange über die Botschaften nach, die Jesus der Seligen gegeben hatte. Vor allem hatte ihn die Botschaft beeindruckt, in der der Herr Jesus zu Alexandrina sagte: »Ich habe dich in die Welt gebracht, ich lasse dich nur durch mich leben, um den Menschen zu beweisen, was die Eucharistie wert ist und was mein Leben in den Seelen bewirkt: Es ist Licht und Heil für die Menschheit. Ich bin bei so vielen Menschen in Vergessenheit geraten! Und von vielen werde ich sogar beleidigt! Ich möchte in der heiligsten Eucharistie geliebt werden: Dort ist die Quelle aller Gnaden!«

Als Benedikt XVI. im August 2005 zum Weltjugendtag nach Köln reiste, verfolgte Carlo die wichtigsten Ereignisse der Deutschlandreise des Papstes sehr aufmerksam im Fernsehen. Er war von der Vigil am Samstagabend beeindruckt, als eine Million junge Menschen auf dem Marienfeld den Worten Benedikts XVI. folgten, während eine große Monstranz in Gold auf dem Altar leuchtete.

Der Papst nahm die Monstranz und hob sie in die Höhe. Er schaute zu den Jugendlichen und sagte: »Gott soll man auf den Knien und in der Stille anbeten!« Dann knieten alle auf der feuchten Erde nieder, und eine große Stille unterbrach die Gesänge und Gebete, während Benedikt XVI. den in der Hostie verborgenen Gott mit liebevollem Blick betrachtete. Auch er, der Stellvertreter Christi, betete Gott in der Stille an. In seiner Rede vor den Bischöfen Zentralafrikas in Rom hatte der Papst die Bedeutung der Stille wie folgt erklärt: »Erst das Schweigen erlaubt es, dass man sich wirklich auf das Hören des Erlösers einstellt, der sich der feiernden Gemeinde schenkt.«

Auf dem Marienfeld – dem Feld Mariens – sprach der Herr an jenem Samstag im August in der Stille, als die Jugendlichen ihn schweigend auf den Knien anbeteten. Es war die Nacht der Anbetung. Auch Carlo schwieg und betrachtete all die Jugendlichen, die aus der ganzen Welt nach Köln gekommen waren, um gemeinsam mit Benedikt XVI. die Eucharistie anzubeten. Und an diesem Abend erinnerte Carlo sich an die

Carlo auf dem Berg Subasio oberhalb von Assisi

Kostbare Monstranz, die die Reliquien der verwandelten Hostie in Fleisch und des verwandelten Weins in getrocknete Blutklumpen enthält. Das eucharistische Wunder von Lanciano wurde von Carlo sehr verehrt

Statue Unserer Lieben Frau von Fatima, für die Carlo eine besondere Verehrung empfand

Das Bild Jesu, wie er der heiligen Faustyna erschienen ist, das Carlo in seinem Schlafzimmer aufbewahrte

Die Tiere und Carlos
»treuer« Computer

Carlos große Freunde, die Hirtenkinder von Fatima

Carlo im Garten von Francisco und Jacinta

Carlo und Schwester Lucias Schafe

Carlo im Heiligtum von Fatima

Carlo auf der Terrasse bei seinen Großeltern väterlicherseits in Santa Margherita Ligure

Carlo in den Wäldern, die das
Heiligtum von La Verna umgeben

Carlo in Lissabon, Portugal

Carlo in Toledo, Spanien

Carlo in Assisi

Carlo in Neapel

Worte des Papstes an die Priester: »Lasst euch immer wieder neu in die heilige Eucharistie, in die Gemeinschaft des Lebens mit Christus, hineinziehen. Macht sie zum Mittelpunkt jedes Tages, um sie würdig feiern zu können. Führt die Menschen immer wieder zu diesem Mysterium. Helft ihnen, von ihr ausgehend den Frieden Christi in die Welt zu bringen.«

Der Priester seiner Kirchengemeinde sowie der Seelsorger der Familie erkannten in dem jungen Carlo eine aufkeimende Berufung zum Priestertum. Ganz gewiss brannte die Flamme des Apostolats schon seit einiger Zeit in der Seele des Jungen, und Jesus wurde zunehmend bei ihm »heimisch«. Und Carlo wurde immer mehr von der Ausstrahlung dieses göttlichen Wanderers angezogen, der versprochen hat, jeden Tag bis zum Ende der Welt bei uns zu sein.

Außerdem pflegte er sein ganzes Leben lang eine große Hingabe für die Seelen im Fegefeuer. Die *Portiuncula-Kapelle* in Assisi gefiel ihm sehr gut, weil dort die Muttergottes mit den Engeln erschienen ist.

Am Tag seiner Erstkommunion, als er mit seiner Familie mit dem Auto auf dem Weg zum Kloster in Perego war, überquerte ein Hirte mit einem kleinen weißen Schaf die Straße. Carlo lächelte glücklich und es schien ihm ein Zeichen zu sein, das der Herr als kleines Geschenk geschickt hatte, weil er Lämmer so sehr liebte.

In den letzten Momenten seines kurzen Lebens spürte Carlo auf mysteriöse Weise, dass der Moment der Trennung sich näherte. Carlo sprach schon seit der Zeit, als er ein Kind war, jeden Tag mit Jesus. Er sprach lange halblaut mit ihm, wenn er die Kommunion empfing, und er spürte, wie der Ruf Gottes in der Tiefe seiner Seele immer lauter wurde.

Die Eucharistie erleuchtete sein ganzes Leben, und der Widerschein ihres Glanzes breitete sich in den letzten Tagen seines Lebens auf seinem Gesicht aus. Es war ein Zeichen. Carlo näherte sich dem Augenblick, das geheimnisvolle Haus des Vaters zu betreten, »den Ort«, den Jesus für ihn vorbereitet hat, als er die Welt verließ und in sein Reich zurückkehrte. Dort, wo uns das Glück versprochen ist. Für immer.

Diejenigen, die ihn kannten, bezeugen Carlos eifrige Teilnahme an den Eucharistiefeiern: »Wir werden uns immer an Carlo erinnern, denn er ließ uns immer spielen, und weil wir viel kleiner waren als er, freuten wir uns darüber, und er brachte seine Mutter dazu, uns sein Spielzeug zu schenken. Jedes Jahr im Sommer freuten wir uns auf ihn, denn er war sehr gut und ging immer zur Messe. Seine Mama hat zu uns gesagt, dass wir jetzt, wo Carlo nicht mehr da ist, abends beten und ihn bitten sollen, dass er uns beschützt und dafür sorgt, dass wir so gut werden wie er.«

Und ein weiteres Zeugnis: »Ich erinnere mich daran, dass Carlo auch mit meiner Tochter Nicoletta gespielt hat, die jünger war als er, und dass er jeden Tag die Messe besuchte. Er war ein freundlicher und höflicher Junge, und jetzt, wo er nicht mehr da ist, bitten wir ihn, damit er auch uns hilft.«

Ein ehemaliger Kommandant der vatikanischen Gendarmerie beschrieb den Jungen wie folgt: »In Carlo konnte man seinen echten Glauben erkennen, sein großes Interesse am Geheimnis der Eucharistie, auf die er sich täglich stützte. Er wäre ein vorbildlicher Priester geworden.«

Auch hier häufen sich die Zeugnisse über ihn und seine Teilnahme an der Heiligen Messe: »Carlo ging jeden Tag zur Messe und verwirklichte sein religiöses Leben auf sehr zurückhaltende Weise, ohne sich damit zu brüsten.«

»Jeden Tag ging er zur Messe und empfing mit großer Hingabe die Kommunion.«

»Der junge Carlo war immer in der Dorfkirche der Pfarrgemeinde präsent, wenn es um Initiativen ging, die den Menschen nutzten, und er besuchte immer die Heilige Messe in der Kirche.«

»Ich erinnere mich daran, dass Carlo jeden Tag zur Messe ging und dadurch ein Vorbild für die anderen Kinder war.«

»Er ging jeden Abend mit großer Hingabe und Andacht zum eucharistischen Mahl.«

»Ich kann auch bezeugen, dass Carlo immer zur Messe ging, sowohl sonntags als auch wochentags, und das beeindruckte uns sehr, und ich kann sagen, dass wir auch ein wenig betroffen waren, denn man trifft nicht oft einen so frommen und begabten Jungen, der jeden Tag zur Messe geht.«

Aus den Erinnerungen einiger Eltern seiner Freunde geht hervor, welch tiefen Eindruck Carlos Verhalten und seine Frömmigkeit bei ihnen hinterlassen hatte: »Ich kann bezeugen, dass Carlo jeden Tag zur Messe ging und solch ein guter Junge und so lieb war, dass sogar die Erwachsenen, die Kinder nicht besonders mögen, von seinem sympathischen Wesen und seiner außergewöhnlichen Intelligenz fasziniert waren.«

»Er war immer sehr großzügig und geduldig mit seinen Freunden und hatte einen großen Glauben, den er durch seine Person ausstrahlte, und er war ein Vorbild, da er jeden Tag zur Messe ging.«

»Er besuchte jeden Tag die Heilige Messe und manchmal sah ich, wie er danach in der Kirche blieb, um mit den anderen Gemeindemitgliedern den Rosenkranz zu beten oder auch an der eucharistischen Anbetung teilzunehmen.«

»Carlo versäumte nie die Sonntagsmesse und er nahm auch jeden Tag an der Werktagsmesse teil.«

»Er war ein guter Junge, sehr höflich und mitfühlend, was die Bedürfnisse der anderen betraf. Carlo war immer bereit, seinen Kameraden zu helfen. Er war vor allem ein guter Christ, der in den Herrn verliebt war, denn es verging kein Tag, an dem er nicht zur Messe ging.«

»Er war dem Herrn sehr nahe. Wenn er in den Ferien seine Großeltern besuchte, ging er zuerst zur Messe und dann zum Strand.«

»Er war ein fröhlicher, sonniger und großzügiger Junge. Ich erinnere mich, dass er sehr gläubig war und immer zur Messe ging. Das hat mich sehr beeindruckt.«

»Meine Mutter und ich besuchen üblicherweise die Abendmesse. Ich erinnere mich noch gut an diesen hübschen Jungen, der nach vorn in Richtung Altar ging, um Jesus mit so viel Liebe zu empfangen. Er war ein Engel auf Erden, und jetzt hat der Herr ihn in den Himmel geholt. Danke, o Herr, dass du ihn uns geschenkt hast!«

»Ich erinnere mich, dass Carlo auch wochentags zur Messe ging. Ich werde mich immer an seinen großen Glauben, seine große Nächstenliebe, seinen Gehorsam und seine Reinheit erinnern, die mich sehr beeindruckt haben. Ich habe noch nie einen Jungen wie ihn aus einer so bedeutenden, aber bescheidenen Familie getroffen.«

»Seine Beziehung zu Gott war durch den eifrigen und täglichen Besuch der Messe geprägt. Das kann ich bezeugen!«

»Von klein auf nahm er jeden Tag an der Heiligen Messe teil zum Erstaunen des ganzen Dorfes, das sich mit großer Zuneigung an ihn erinnert. Man konnte ihn nicht übersehen: Er hatte beschlossen, seine Jugend dem eucharistischen Jesus zu widmen.«

»Ich gehe jeden Tag zur Messe und ich bin Carlo dabei täglich begegnet, als er die Messe in der Zeit, in der er in Assisi war, besucht hat. Ich erinnere mich tief beeindruckt an seinen großen Glauben und sein zartes und engelsgleiches Lächeln. Er strahlte eine große Reinheit des Herzens aus, die man spüren konnte ... Es schien, als ob dieses Kind nicht von dieser Welt wäre, als ob es in einer anderen Dimension lebte. Wenn man in Carlos Nähe war, verspürte man einen großen Frieden und eine große Ruhe, es war, als würde man einen Engel betrachten. Seine Bescheidenheit, seine unendliche Güte und Nächstenliebe waren entwaffnend.«

»Ich erinnere mich an seinen glühenden Glauben an Gott, der täglich durch das Gebet und die Teilnahme am liturgischen und sakramentalen Leben genährt wurde.«

Eine Ordensschwester, die in der Klausur in der Nähe der Basilika *Santa Chiara* in Assisi lebt, gab folgendes Zeugnis über Carlo: »Ich sah ihn mehrmals in der Basilika, als ich außerhalb der Klausur Dienst hatte. Er kam immer zur Messe, und für einen Jungen im Alter von 12, 13 Jahren war das ungewöhnlich.«

Der Pfarrer von Centola hat die charakteristischen Züge von Carlos christlichem Leben wie folgt beschrieben: »Was mir sofort auffiel, da es bei Jungen seines Alters schwer zu finden ist, war seine tägliche Teilnahme an der Eucharistiefeier, die er stets mit Gebet und einer liebevollen Einstellung begleitete. Seine ständige Teilnahme am kirchlichen Leben, sein mutiges christliches Zeugnis, seine Einfachheit, Ruhe, Freude und Freundlichkeit allen gegenüber waren die Früchte, die zeigten, dass die Wurzeln seines Glaubenslebens von Gott genährt wurden. ›Bleibt in mir und ich bleibe in euch. Wie die Rebe aus sich keine Frucht bringen kann, sondern nur, wenn sie am Weinstock bleibt, so auch ihr, wenn ihr nicht in mir bleibt. Ich bin der Weinstock, ihr seid die Reben. Wer in mir bleibt und in wem ich bleibe, der bringt reiche Frucht; denn getrennt von mir könnt ihr nichts vollbringen‹ (Joh 15,4–5).«

Der Bürgermeister von Centola schrieb über Carlo: »Ich kann bezeugen, dass Carlo ein sehr gutes Kind von großer menschlicher und religiöser Tiefe war. Er besuchte immer treu die tägliche Heilige Messe und lebte ein einfaches Leben voller Interesse an seinen Mitmenschen, das von seiner großen Mitmenschlichkeit, seinem Glauben und seiner Nächstenliebe geprägt war.«

Ein bekannter Theologe aus Centola schrieb über ihn: »Es gelang ihm, mit der Teilnahme an der täglichen Eucharistiefeier um sich herum eine Atmosphäre von Religiosität zu verbreiten. Daher vermittelte die Begegnung mit ihm in seinem unschuldigen Alter Freude und einen Sinn für das Göttliche. ›In den Augen der Toren schien er gestorben, aber Gott hat ihn reif für sich gefunden.‹«

Carlo und die eucharistische Anbetung

Carlos Tage drehten sich um die Heilige Messe als Mittelpunkt und er ging oft zur eucharistischen Anbetung in die Kirche. Manchmal schrieb er Meditationen über das Mysterium Christi. Hier ist eine von vielen: »Der Herr Jesus wurde Mensch und wählte ein armes Mädchen von nur 15 Jahren als seine Mutter und einen armen Zimmermann als seinen Pflegevater. Bevor er geboren wurde, gab es nur Zurückweisungen von Leuten, die nicht wussten, wohin sie Josef und Maria schicken sollten, und schließlich fand jemand einen Stall für ihn. Wenn wir darüber nachdenken, war der Stall von Bethlehem sicherlich besser als viele der heutigen Häuser, in denen der Herr immer noch abgelehnt und oft auch geschmäht wird, weil er auf unwürdige Weise empfangen wird. Ein armes Mädchen von 15 Jahren und ein armer Zimmermann waren die Eltern des Herrn, unseres Gottes, der die Armut und nicht den Luxus wählte. Für mich ist das etwas Unglaubliches!«

Für Carlo war dies die schönste Meditation, in die man sich vor dem Allerheiligsten Altarsakrament versenken konnte, das für ihn »der Leib und das Blut unseres Herrn Jesus Christus, wahrhaftig gegenwärtig, wie zu seiner Zeit, als er in Palästina lebte«, war.

In einer seiner Betrachtungen können wir nochmals sehen, welchen Wert das Gebet vor dem Allerheiligsten Altarsakrament für ihn hatte: »Jesus Christus wurde Mensch, um uns sowohl von der Erbsünde zu retten, die wir von unseren Vorfahren geerbt haben, als auch von den Sünden, die wir alle jeden Tag begehen, sogar unfreiwillig, denn leider sind wir sehr begrenzt, und die Eucharistie ist nichts anderes als unsere himmlische Nahrung, um nicht so oft in Versuchung zu geraten. Wenn es im Vaterunser heißt: ›Unser tägliches Brot gib uns heute [...] und führe uns nicht in Versuchung‹, dann wollte Jesus damit sagen: ›Gib uns heute auch die tägliche Eucharistie.‹«

Als Carlos Vater ihn einlud, mit ihm an einer von befreundeten Priestern organisierten Pilgerreise nach Jerusalem teilzunehmen, antwortete Carlo: »Ich möchte lieber in Mailand bleiben, weil es hier so viele Tabernakel in den Kirchen gibt, wo ich jederzeit hingehen und Jesus besuchen kann, und deshalb brauche ich nicht nach Jerusalem zu reisen.« Und weiter: »Wenn Jesus immer bei uns ist, wo immer es eine geweihte Hostie gibt, warum muss man dann eine Pilgerreise nach Jerusalem unternehmen, um die Orte zu besuchen, an denen Jesus vor 2000 Jahren gelebt hat? Dann sollten auch die Tabernakel mit der gleichen Hingabe besucht werden!« Sein Vater war von dieser Antwort sehr beeindruckt, die auf Carlos große Verehrung der Eucharistie hinwies.

Nachstehend sind einige Zeugnisse von Menschen wiedergegeben, die Carlo bei der eucharistischen Anbetung gesehen haben: »Ich konnte Carlo mehrmals im Gebet versunken sehen während der Heiligen Messe oder bei der Anbetung vor dem Allerheiligsten Altarsakrament oder beim Beten des Rosenkranzes.«

»Jeden Tag besuchte er die Heilige Messe und begleitete seine Mutter oft zur eucharistischen Anbetung, die in einer kleinen Kirche gehalten wurde.«

»Ich kann bezeugen, dass Carlo sehr oft zur eucharistischen Anbetung ging, und auch ich hatte mehrmals die Gelegenheit, ihn zu begleiten, sowohl in La Verna als auch in Assisi und in Santa Margherita Ligure, wo er manchmal seine Großeltern väterlicherseits besuchte, die dort ein Haus hatten, in dem sie einen Teil ihres Urlaubs verbrachten.«

Carlos geistlicher Begleiter schrieb über dessen Liebe zur Eucharistie: »Carlo hielt mehrmals in der Woche eucharistische Anbetung und jedes Mal, wenn ich ihn traf, erzählte er mir von den Fortschritten, die er in dieser Frömmigkeitsübung gemacht hatte. Kurz vor seinem Tod besuchte Carlo mich in meinem Haus in Bologna und erzählte mir, dass er durch die eucharistische Anbetung sehr gute Früchte erhalten habe. Er erklärte mir, dass es ihm schließlich gelungen sei, sich während der eucharistischen Anbetung nicht mehr ablenken zu lassen, und dass daher seine Liebe zum Herrn sehr gewachsen sei.«

Carlo und das Sakrament der Versöhnung

Um ein Leben nach den Werten des Evangeliums zu führen, nahm Carlo regelmäßig und intensiv die göttliche Gnade der Sakramente in Anspruch. Insbesondere war ihm bewusst, dass er ohne fortwährende und aktive Mitarbeit mit dem Heiligen Geist nicht in der Lage sein würde, in der Freundschaft mit Christus zu bleiben. Deshalb verwirklichte er eine große Gebetspraxis und gewöhnte sich daran, oft das Sakrament der Beichte zu empfangen. Üblicherweise hat er einmal pro Woche gebeichtet, und jedes Mal versuchte er, auf dem Weg der Heiligkeit voranzuschreiten, indem er sich vornahm, Herr über seine kleinen Mängel zu werden: seine Esslust, seine kleinen Schwätzchen in der Klasse oder die Ablenkungen, denen er sich beim Beten des Rosenkranzes ausgesetzt sah.

Don Mario Perego, ein Priester seiner Pfarrei, wurde einer seiner bevorzugten Beichtväter. Bei ihren häufigen Begegnungen lernte er die innersten Gefühlsregungen seiner Seele kennen und hinterließ uns ein Zeugnis, das ein Bild und eine Zusammenfassung seiner Einschätzung des Jungen wiedergibt: »Er war ein Junge von außergewöhnlicher Offenheit, von absoluter Reinheit. Er wollte sich in allem verbessern:

– in der Liebe zu seinen Eltern, bei denen er die Liebe zum Herrn gelernt hatte, indem er aktiv an den Versammlungen der Gemeinde und an der Eucharistiefeier an den Werktagen teilnahm;

– bei der bestmöglichen Verwirklichung seiner Freundschaft mit Gleichaltrigen und Schulfreunden;

– bei dem ernsthaften Bemühen, seine Kenntnisse in den Bereichen Schule, Computer, Kultur und Religion zu vertiefen.

Um dem Herrn zu danken und sich immer mehr zu verbessern, gewöhnte er sich an, wöchentlich das Sakrament der Versöhnung zu empfangen, und er freute sich, die Stimme des Herrn zu hören. Obwohl er plötzlich in die Herrlichkeit Gottes gerufen wurde, bleibt meine Erinnerung so lebendig, dass ich ihn als konkrete Hilfe bei der Unterscheidung der Geister in meiner Nähe spüre.«

Über den Wert, den Carlo dem Sakrament der Beichte zuschrieb, sagte sein geistlicher Begleiter: »Er ist jeden Monat nach Bologna gefahren, um mich zu besuchen. Fast immer bat der junge Carlo am Ende um die Beichte. Die Ernsthaftigkeit, mit der Carlo sich selbst beurteilte, veranlasste ihn, auch die kleinsten Fehler zu beichten.«

Für Carlo war es wichtig, oft zu beichten, denn er hat verstanden, dass selbst die kleinsten Sünden ein Hindernis für den geistigen Fortschritt sein können, wie er wiederholt sagte: »Der kleinste Fehler hält uns am Boden fest, so wie ein Luftballon von der Schnur in der Hand gehalten wird.«

Er verwendete gerne Metaphern, um Dinge zu erklären und auch um die Glaubenswahrheiten verständlich zu machen. Wir erinnern uns vor allem an eine, in der Carlo den Vergleich mit dem Heißluftballon anstellte, um uns die Notwendigkeit der Beichte als Heilmittel gegen die menschlichen Vergehen und Sünden zu verdeutlichen: »Der Heißluftballon muss, um in die Höhe aufzusteigen, Lasten abladen, so wie die Seele, um in den Himmel aufzusteigen, kleine Lasten, die lässlichen Sünden, abladen muss. Wenn sie in den Stand einer Todsünde kommt, fällt die Seele auf die Erde zurück und die Beichte ist wie das Feuer, das den Heißluftballon wieder in den Himmel aufsteigen lässt. Es ist notwendig, oft zu beichten, weil die Seele sehr komplex ist.«

Das Sakrament der Versöhnung war daher für Carlo eine Art Bad, eine Reinigung von den Sünden, um wieder in Freundschaft mit Gott zu leben.

Carlo las gerne und vor allem die Schriften der Heiligen, die ihn tief beeindruckten. Insbesondere hatte er zwei Stellen aus den Biografien von Johannes Bosco und Franziskus von Assisi gelesen und aufgeschrieben, in denen über die Gefahr, in Todsünde zu sterben, berichtet wird. Carlo hatte ernsthaft über die Risiken nachgedacht, ohne Beichte vor Gott zu treten. In der ersten Geschichte geht es um ein Wunder, das der heilige Johannes Bosco an einem 15-jährigen Jungen vollbracht hatte.

Die folgende Erzählung stammt aus dem Leben des Heiligen: »Das von Johannes Bosco gegründete Oratorium in Turin wurde auch von einem etwa 15-jährigen Jungen namens Carlo besucht. Während Don Boscos Abwesenheit von Turin erkrankte der Junge schwer und lag schon bald darauf im Sterben. Mehrmals hatte er den Wunsch geäußert, bei Don Bosco seine letzte Beichte ablegen zu können, aber da dieser nicht nach Turin zurückkehrte, war es der Kaplan, in dessen Gegenwart Carlo seine letzten Worte aussprach. Als Don Bosco einige Stunden nach dem Tod des Jungen schließlich zurückkehrte, rief der Heilige, als er erfuhr, was geschehen war, aus: ›Ihr glaubt, er sei tot, aber Carlo schläft nur.‹ Don Bosco eilte zu dem Haus, in dem der Junge gewohnt hatte, und betrat das Zimmer, in dem Carlo, der in ein Laken gewickelt war, lag. Nachdem er inständig und mit großer Hingabe gebetet hatte, segnete er den Leichnam und rief zweimal den Namen des Jungen: ›Carlo, Carlo, steh auf!‹ Als wäre er von dieser Stimme geweckt worden, stand Carlo auf, setzte sich hin und fragte, warum er hier sei. Als er Don Bosco erkannte, sagte er zu ihm: ›Ich habe mich so danach gesehnt, dass Sie rechtzeitig kommen, und Gott hat Sie jetzt gesandt! Es war gut, dass Sie mich geweckt haben. Ich träumte gerade etwas Schreckliches: Als ich das letzte Mal zur Beichte ging, verschwieg ich eine Sünde und deshalb wurde ich zum Feuer der Hölle verdammt. Aber eine Frau hat mich davor bewahrt, in die Flammen geworfen zu werden, und dann … haben Sie mich geweckt.‹

Don Bosco forderte ihn daraufhin auf, erneut die Beichte abzulegen, ohne weiterhin etwas zu verschweigen. Schließlich erteilte er ihm die Absolution und sagte: ›Jetzt befindest du dich in der Gnade Gottes: Der Himmel ist offen für dich. Willst du dort hinaufgehen oder bei uns bleiben?‹ Und Carlo antwortete: ›Ich möchte in den Himmel gehen.‹ – ›Also auf Wiedersehen im Himmel‹, sagte der Heilige zu ihm. Und Carlo legte den Kopf auf das Kissen zurück und schlief wieder im Herrn ein.«[8]

Als Carlo die *Franziskus-Quellen* las, und zwar die *Legenda Maior* des heiligen Bonaventura von Bagnoregio, Nr. 1263, fand er ein weiteres Ereignis, das dem des heiligen Johannes Bosco ähnelte, sich aber auf den heiligen Franziskus von Assisi bezog: »In dem Dorf Monte Marano bei Benevent war eine Frau gestorben, die den heiligen Franziskus während ihres Lebens besonders verehrt hatte. Als jedoch am Abend die Geistlichen kamen, um die kirchliche Totenfeier und das Totenoffizium zu halten, erhob sich die Frau vor aller Augen von ihrem Lager und rief einen der umstehenden Priester, ihren Onkel, mit den Worten zu sich: ›Herr Pfarrer, ich möchte beichten. Höre meine Sünden an! Nach meinem Tode wollte man mich in ein grauenvolles Gefängnis werfen, weil ich die Sünde, die ich jetzt bekennen will, bei der letzten Beichte verschwiegen habe. Doch für mich hat der heilige Franziskus Fürbitte eingelegt, den ich zeitlebens sehr verehrt habe, und so durfte ich jetzt ins Leben zurückkehren, um durch das Bekenntnis dieser Sünde das ewige Leben zu erlangen. Nach der Beichte, in der ich diese Sünde bekannt haben werde, werde ich schnell zur verheißenen Ruhe gelangen.‹ Zitternd beichtete sie bei dem Priester. Nachdem sie die Lossprechung empfangen hatte, legte sie sich ruhig auf ihr Bett nieder und entschlief selig im Herrn.«[9]

Diese beiden Passagen wurden von Carlo benutzt, um diejenigen zu katechisieren, die seiner Meinung nach nicht konsequent nach Jesu Lehren lebten. Der Junge war zutiefst davon überzeugt, dass die Menschen sich oft nicht der Gefahr bewusst sind, was es heißt, in der Todsünde zu sterben, und er sagte oft: »Wenn die Menschen sich wirklich der Gefahr bewusst wären, in der sie sich befinden, wenn sie gegen Gottes Gebote verstoßen, würden sie viel mehr darauf achten, keine schweren Sünden zu begehen, und sie würden sich dafür einsetzen, ihre Brüder und Schwestern zu ermahnen, die in einer Weise leben, die nicht mit der von ihnen empfangenen Taufe übereinstimmt.«

Wir stellen eine geistige Reife fest, die für ihn als Heranwachsenden Respekt und tiefe Bewunderung hervorruft. Außerdem beschränkte Carlo sich nicht darauf, die Wahrheit zu sagen und vor Gefahren zu warnen, sondern er setzte sich persönlich für das Wohl der Brüder ein, denen er auf seinem Weg begegnete, indem er für sie betete und Fürsprache einlegte.

Die Klausurschwestern

Carlo war von der Spiritualität der Klausurschwestern fasziniert, ihrer Lebensweise, ihrer beständigen Hingabe an den Herrn, ihrer prophetischen Lebensart, die auf das Reich Gottes hinweist, das bei Christi letztem Kommen auf Erden vollständig verwirklicht sein wird, wo *alle Menschen auferstehen werden und jede Seele den Körper zurückerhalten wird, den sie in diesem Leben hatte*. Besonders am Herzen lagen Carlo zwei Klöster, die er oft besuchte, eines in Spello und das andere in Perego, wo er auch seine Erstkommunion empfangen hatte.

Die Einsiedlerinnen des Ordens *Sant'Ambrogio ad Nemus* in Perego waren für Carlo wie »Schutzengel«: Sie haben stets für ihn gebetet und ihn im Herzen behalten. Er hegte eine große Zuneigung zu ihnen und war diesen Nonnen besonders dankbar dafür, dass sie ihm erlaubt hatten, vor dem vorgeschriebenen Alter in ihrem Kloster die Erstkommunion zu empfangen. Durch seine Besuche und Begegnungen mit der Gemeinschaft unterhielt Carlo eine brüderliche Beziehung der Freundschaft und Wertschätzung mit den Nonnen, die ihm ihre ständigen Gebete zusicherten. Der Junge war davon überzeugt, dass ihre Gebete ihn davor bewahren würden, Sünden zu begehen, denen Jugendliche in seinem Alter in der Regel stärker ausgesetzt sind, sowohl in sexueller Hinsicht als auch in Form von gesundheitsschädigenden Lastern wie dem Konsum von weichen oder harten Drogen und Alkohol. Carlo wies immer darauf hin, dass seiner Meinung nach Eltern, die Gott bitten, ihre Kinder zu schützen, sicherlich eine bedeutsame Fürsprache einlegen, damit die Kinder ihre Werte nicht vergessen und ihre Seele nicht verloren geht. Carlos Wunsch war es, dass die Väter und Mütter beten und dafür sorgen, dass sie zusammen mit ihren Kindern beten, um sie auf ihrem Glaubensweg zu unterstützen, damit sie nicht auf ewig verloren gehen. In diesem Zusammenhang sagte Carlo: »Selbst wenn sie eines Tages den Weg zu Gott verlieren sollten, wird der Herr sich früher oder später an die Gebete erinnern, die sie gemeinsam in der Familie gebetet haben, und er wird sie wieder in die Herde zurückholen.«

Die Heiligen Karl Borromäus, Johannes Bosco und Pius X. setzten sich sehr dafür ein, dass Kinder schon in jungen Jahren die Kommunion empfangen sollten, denn diese Heiligen waren sich der Risiken bewusst, die ein Leben fern von Eucharistie und Gebet mit sich bringt.

Carlo war beeindruckt von dem Leben der Klausurschwestern, die vollkommen auf weltliche Dinge verzichten. Sicher ist ihr Leben ganz speziell, denn sie verbringen mehrere Stunden am Tag mit dem Stundengebet, dem offiziellen Gebet der Kirche. Einige Ordensgemeinschaften wie die Benediktiner und die Kartäuser haben ein eigenes Chorgebet, bei der alle 150 Psalmen der Heiligen Schrift im Laufe einer Woche gesungen werden, anstatt sie über einen Monat zu verteilen: Die Psalmen werden auch vollständig gebetet, während in dem von der Kirche allgemein verwendeten Brevier einige Psalmen gekürzt wurden.

Die Rezitation des Stundengebets ist sehr wichtig, denn als der heilige Johannes Bosco die Psalmen oft vor den »Häusern der Prostituierten« rezitierte, erfolgten dadurch viele Bekehrungen. Nicht selten hörten einige dieser jungen Frauen auf, ein solches Leben zu führen, und traten in den Dienst des heiligen Johannes Bosco, um sich seinem großen Werk für die Jugendlichen zur Verfügung zu stellen. Neben dem Stundengebet nehmen die Nonnen täglich an der Heiligen Messe teil, die in der Regel von einem auswärtigen Priester zelebriert wird, und verrichten dann auch ein wenig körperliche Arbeit, um selbst etwas zu ihrem Lebensunterhalt beitragen zu können, denn niemand unterstützt sie in finanzieller Hinsicht. Sie leben ausschließlich von den Spenden der

Gläubigen, die kommen, um die Nonnen um ihr Gebet zu bitten.

Der Tag der Klausurschwestern ist in zwei einander ergänzende Zeiten unterteilt: manuelle Arbeit und Gebet. In vielen Klausurklöstern wird mindestens eine Stunde am Tag eucharistische Anbetung gehalten. Einen Eindruck von ihrer Hingabe an den Herrn, der in der Eucharistie wirklich gegenwärtig ist, vermittelt der Habit der Klarissinnen der heiligen Klara von Assisi, deren Schleier in seinem unteren Teil kreisförmig geschnitten ist, um die Form der Hostie in Erinnerung zu rufen, denn, wie eine Nonne Carlo erklärte, »die Klarissen müssen wie *lebendige Hostien* sein, die sich den anderen widmen und sich für das Heil vieler opfern«.

Neben den Klausurschwestern gab es auch andere Ordensschwestern eines Bettelordens, die Carlos Spiritualität entscheidend mitprägten. Sie gehörten einer neuen Kongregation an, die in Frankreich gegründet wurde. Die Spiritualität dieses neuen Instituts stützt sich auf die Nachfolge des armen und gekreuzigten Jesus nach der Schule des heiligen Dominikus von Guzmán und des heiligen Franziskus von Assisi. Diese Schwestern machen sich auf die Suche nach dem verlorenen Schaf und gehen von Tür zu Tür und betteln um Almosen für ihr tägliches Brot. Ihre Erfahrung und Betrachtung des Geheimnisses des gekreuzigten Christus entspringt der Eucharistie, die das Zentrum ihres Lebens ist, und aus dem Stundengebet, das sich in der eucharistischen Anbetung fortsetzt. Carlo lernte sie in Assisi kennen, als sie an dem Haus anklopften, in dem er wohnte, um um etwas zu essen zu bitten. Er nahm sie auf, lud sie zum Mittagessen ein und schloss Freundschaft mit ihnen. Diese Schwestern halten täglich zwei Stunden lang eucharistische Anbetung. Auch Carlo blieb gerne vor dem Allerheiligsten Altarsakrament, um ein vertrautes Gespräch mit Jesus zu führen, wie ein Verliebter sich mit der Person unterhält, die er liebt. Er bedauerte jedoch, dass er wenig Zeit zur

Verfügung hatte, denn er »hätte der eucharistischen Anbetung gerne viel mehr Zeit gewidmet«.

Einige der Klausurschwestern, die Carlo gekannt hatten, sandten ihre Gedanken über ihn ein. Hier folgen einige Auszüge aus ihren bewegenden Worten. Wir hoffen, dass Carlos Beispiel, sich dem Gebet dieser Nonnen anzuvertrauen, die sich Gott und den Nächsten zur Verfügung stellen und mit ihren Opfern versuchen, die Sünden der Menschheit wiedergutzumachen, von all jenen nachgeahmt wird, denen der Wert der Menschen, die ihr ganzes Leben vollkommen dem Gebet widmen, nicht bekannt ist oder den sie nicht verstehen.

Die Einsiedlerinnen des Ordens *Sant'Ambrogio ad Nemus* erinnern sich mit Freude an die glücklichen Momente von Carlos Erstkommunion, die er im Alter von sieben Jahren mit der besonderen Erlaubnis von Erzbischof Macchi, dem ehemaligen Sekretär Papst Pauls VI., in ihrem Kloster empfangen hatte. Die Oberin des Klosters beschrieb diesen Tag wie folgt: »Die Erinnerung an jenen 16. Juni 1998, den Dienstag nach dem Fronleichnamsfest, an dem Carlo am Altar unserer Klosterkirche seine Erste Heilige Kommunion empfangen hatte, ist mir und der ganzen Klostergemeinschaft in lebendiger Erinnerung geblieben, die durch seinen plötzlichen Tod wieder in den Vordergrund getreten ist. Die Erstkommunion wurde in privater Form gespendet, da er noch nicht das erforderliche Alter hatte, um das Sakrament der Eucharistie mit seinen Kameraden zu empfangen, aber schon dazu bereit war und sich sehr danach sehnte. Während der Heiligen Messe war er ruhig und gefasst, doch als der Moment des Kommunionempfangs näher rückte, zeigte er Anzeichen von ›Ungeduld‹. Mit Jesus im Herzen und nachdem er seinen kleinen Kopf eine kurze Zeit lang ganz besinnlich in seine Hände gelegt hatte, begann er plötzlich, sich zu bewegen, als könnte er nicht mehr stillhalten. Es schien, als sei etwas in ihm, was nur er bemerkte, etwas, was zu groß war, um es für sich zu behalten.«

Die Ordensschwester setzte ihr Zeugnis fort, indem sie die Eindrücke der anderen Schwestern schilderte: »Die Nonnen, die dem Altar am nächsten standen, konnten ihn nur mit tiefer Ergriffenheit betrachten, wenn auch durch die dünnen Gitterstäbe, um zu spüren, dass Carlos Wunsch sich nach langem Warten erfüllt hatte. Deshalb blieb dieser Tag in der Erinnerung aller Schwestern … Ich war beeindruckt von seiner angenehmen äußeren Erscheinung, aber noch mehr von seinem reinen und klaren Blick, dem Glanz seines Lächelns und dem Frieden, der von seinem Gesicht mit den schönen Zügen ausstrahlte! Er war ein vornehmer, aber ungekünstelter Junge, einfach und frei in seiner Ausdrucksweise und immer sehr höflich. Ich erinnere mich, dass er, wenn er sich an seine Eltern wandte, dies mit einer kindlichen Spontaneität tat, die sehr herzlich, aber auch respektvoll war, und ich wage zu behaupten, dass sie für unsere heutige Zeit ein wenig ungewöhnlich war! …

Ich war außerdem sehr beeindruckt davon, dass Carlo mich sowohl bei dieser Gelegenheit als auch bei den folgenden vor dem Abschied immer bat, ihn mit meinen Gebeten zu begleiten, damit er die Pläne verwirklichen könne, die der Herr für sein Leben als Schüler und Jugendlicher in einer historischen Zeit wie der unseren vorgesehen habe …«

Und noch einmal beschrieb die Mutter Oberin Carlos Freude über den Empfang des Sakraments der Firmung: »Ich wurde von seiner Mutter telefonisch darüber informiert, dass Carlo sich auf das Sakrament der Firmung vorbereitete, das er am 24. Mai 2003 empfangen würde. Die Gebete unserer Klostergemeinschaft begleiteten ihn geistlich und liebevoll auch an diesem zweiten wichtigen Moment seines christlichen Lebens und zu unserer großen Überraschung sind Carlo und seine Eltern am folgenden Tag, dem 25. Mai, ›erfüllt vom Heiligen Geist‹ wieder zum Kloster zurückgekommen. Auch bei dieser Gelegenheit konnte ich die Freude bewundern, die sein Gesicht ausstrahlte. (Es sei mir erlaubt, dieses ›große‹, aber *wahre* Wort zu sagen: ein Engelsgesicht.)

Die anderen Begegnungen, die ich in den folgenden Jahren im Besuchszimmer mit ihm hatte, hinterließen bei mir immer das Erstaunen über einen Jungen, der seine Jugend in vollen Zügen und mit reinem Herzen lebte. Seit diesem Zeitpunkt gehörten Carlo und seine Eltern zu den liebsten Menschen in unserem Kloster, Menschen, die immer in unseren Herzen und Gebeten präsent waren. Aus diesem Grund war der besorgniserregende Anruf seines Vaters am Abend des 8. Oktober 2006 für mich und für uns alle sehr schmerzhaft, als er mir erklärte, dass Carlos Leben aufgrund einer plötzlich aufgetretenen Krankheit, die sich sofort als schwerwiegend herausstellte, in Gefahr sei. Sofort kam mir das Wort Gottes aus dem Buch der Weisheit in den Sinn: »Er gefiel Gott und wurde von ihm geliebt; da er mitten unter Sündern lebte, wurde er entrückt. Früh vollendet, hat er ein langes Leben gehabt; da seine Seele dem Herrn gefiel, enteilte sie aus der Mitte des Bösen« (Weish 4,10.13 f).

Eine Ordensschwester, mit der Carlo sehr verbunden war, schrieb an seine Eltern: »Ich berichte Ihnen wahrheitsgetreu und in aller Demut über die unauslöschliche Erinnerung, die Carlo in meiner Seele und in den Seelen der Schwestern, die das Glück hatten, ihn kennenzulernen, hinterlassen hat … Ihre Bitten um Gebete für Ihre Anliegen haben immer einen religiösen Hintergrund (eine bewundernswerte Familie!), Sie sorgen sich um den Heiligen Vater, die Priester, die zu rettenden Seelen und das Evangelium, das allen verkündet werden soll, um Jesus bekannt zu machen, vor allem den Kindern, und deshalb hat die Verbreitung des Katechismus in den ärmsten Ländern für Sie oberste Priorität, wobei Sie zunächst an die Ärmsten denken. Von Carlo trage ich eine wirklich erhebende Erinnerung in meinem Herzen wegen seines äußerst höflichen, freundlichen, offenen und kommunikativen Verhaltens, aber vor allem wegen seines so klaren und aufrichtigen und tiefen Glaubens und wegen seiner glühenden Liebe zum eucharistischen Jesus! Er hegte auch eine kindliche Verehrung für die Jungfrau Maria, die besonders durch sein Beten des Rosenkranzes zum Ausdruck kam. Er hat sich auch sehr darüber gefreut, als er erfuhr, dass es in unserem Kloster eine tägliche eucharistische Anbetung gibt. Carlo bat uns, dabei an diejenigen zu denken, die ihm am Herzen lagen: die Kranken, seine Freunde und die Sünder. Er bedauerte sehr, feststellen zu müssen, wie sich das Böse ausbreitet und sogar unter einigen seiner Freunde Fuß fasste … Eines Tages überredete er einen seiner kleinen Cousins, uns zu besuchen, weil er sich sicher war, dass er von uns als Klosterschwestern Gebete und geistliche Worte empfangen würde, die sich seinem Herzen einprägen und ihn näher zu Jesus bringen würden. Nachdem er das Sakrament der heiligen Firmung empfangen hatte, wirkte Carlo noch vergeistigter. Aus seinen reinen Augen strahlte eine klare Seele: Er sah aus wie ein zweiter ›Dominikus Savio‹!«

Die Ordensschwester schrieb in ihrem Zeugnis über Carlo weiter: »Selbst für sein tägliches Leben und sein Studium wandte er sich an Jesus. Er vertraute ihm seine Prüfungen an. Am 2. Juni 2005 schrieb er uns: ›Ich danke euch sehr für eure Gebete: Sie haben mir sehr geholfen, mich bei den schriftlichen Arbeiten zu konzentrieren und bei der mündlichen Prüfung keine Angst zu verspüren … und die Note war ›ausgezeichnet‹. Nochmals ein herzliches Dankeschön, liebe Grüße. Carlo.‹« Bei seinem letzten Besuch im Kloster, zwei Monate bevor Jesus ihn zu sich rief, hatten wir darüber gesprochen, wie sehr der Herr kleine Opfer zur Erlangung geistlicher Gnaden usw. schätzt, und er sagte zu mir mit einer so überzeugten und aufrichtigen Haltung: ›Schwester Luigina, beten Sie, dass ich weniger träge bin!‹ Ich war gerührt und bewunderte ihn, denn es ist nicht leicht, einen Jungen zu treffen, der so sehr nach Vollkommenheit strebt. Als seine Eltern uns über die Schwere seiner plötzlichen und raschen Erkrankung informierten, hatten wir das Gefühl, dass Jesus eine *Blume* pflücken wollte, die zu schön und zu kostbar war, um vom Chaos der Welt verdorben zu werden, und sie in die Beete des Himmels verpflanzte. Seit Carlo ins Haus des Vaters zurückgekehrt ist, spüre ich seine Nähe und rufe ihn spontan um geistliche Hilfe an, um die er mich zuvor gebeten hatte. Zusammen mit der Mutter Äbtissin und den Schwestern vertrauen wir ihm die Personen an, die sich dem Gebet der Gemeinschaft empfehlen. Wir sind uns sicher, dass er seine ›Mission der Hingabe und Liebe‹ zum Wohl seiner Nächsten und all derer fortsetzen wird, die auf seine gütige Fürsprache vertrauen.«

Carlo und die Engel

Carlo verehrte die Schutzengel schon immer sehr. Seit er ein kleines Kind war, betete er jeden Tag zu seinem Schutzengel und erfuhr seine konkrete Hilfe bei allem, worum er ihn bat.

Es wäre sehr zu empfehlen, dass die Bedeutung der Engel in unserem Leben wiederentdeckt würde, so wie es Carlo seit seiner Kindheit gehandhabt hat. Tatsächlich begann seine innige Beziehung zu diesen Boten Gottes ungefähr im Alter von fünf Jahren, als seine Mutter ihm die Biografie der heiligen Gemma Galgani (1878–1903) vorlas, die für ihre besondere Verehrung der Schutzengel bekannt ist. Carlo war auch von der großen Verehrung beeindruckt, die Pater Pio von Pietrelcina (1887–1968) den Engeln entgegengebracht hat. Durch die Erfahrungen der beiden Heiligen lernte er, sich an den Schutzengel zu wenden, um seine Hauptfehler, nämlich die Esslust und Trägheit, zu überwinden. Carlo sagte, sein Schutzengel habe ihn dazu angeregt, eine Episode aus dem

Leben von Pater Pio zu lesen, was ihm sehr geholfen habe, um seine Trägheit zu überwinden. Tatsächlich stieß er eines Tages auf eine Biografie von Pater Pio, in der berichtet wird, dass der Heilige viele Seelen im Fegefeuer unterstützt hatte, die im Leben besonders träge gewesen waren. Nachstehend die betreffende Passage, die in vollem Umfang wiedergegeben wird:

»Eines Abends, es war ein kalter Abend des Jahres 1921 oder 1922, befand sich Pater Pio im Chor und betete, während seine Mitbrüder zum Abendessen im Refektorium versammelt waren. Mit der Genehmigung des Superiors verzichtete er damals oft auf das Abendessen, ging somit nicht in das Refektorium, in dem die Mahlzeiten eingenommen wurden, und traf seine Mitbrüder danach am ›gemeinsamen Feuer‹, einem Raum, in dem sich ein Kamin befand, in dem im Winter ein Feuer brannte.

Damals gab es noch keine Heizung im Kloster und auch nicht in den Häusern des Dorfes San Giovanni Rotondo, und so kam dem Raum mit dem Kamin ab einer bestimmten Stunde im Winter die Bedeutung zu, die heute das Wohnzimmer hat. Für den Rest des Tages und in der warmen Jahreszeit wurde er zu einer Art Abstellkammer für nutzlose Gegenstände oder für Werkzeuge, die man nicht ständig brauchte, degradiert.

Im Winter gingen die Brüder also nach dem Abendessen zum ›gemeinsamen Feuer‹, um sich aufzuwärmen. Wer wollte, konnte am Ende noch ein bisschen Glut in einer feuerfesten Schüssel mit in seine Zelle nehmen. Wenn die Mitbrüder mit dem Abendessen fertig waren, unterbrach Pater Pio sein Gebet und ging ebenfalls ins Erdgeschoss hinunter zum ›gemeinsamen Feuer‹, das sich unmittelbar vor dem Eingang des Refektoriums befand.

An jenem Abend war Pater Pio gerade von seinem Platz aufgestanden, als er ein seltsames Geräusch hörte, eine Art Knistern, das von den Seitenaltären der Kirche, die man damals ›kleine Altäre‹ nannte, ausging. Er spitzte die Ohren, maß der Sache aber sonst wenig Bedeutung zu. Gleich darauf hörte er, diesmal vom Hauptaltar, ein lautes Geräusch, so als sei ein Kandelaber vom Hauptaltar zu Boden gefallen. Zunächst dachte er, dass vielleicht ein zerstreuter Seminarist aus irgendeinem Grunde in die Kirche gegangen war und dort nun den Schaden angerichtet hatte. Dann schaute er über das Holzgeländer des Chores, um sich der Sache zu vergewissern. Aber statt eines Seminaristen erblickte er einen jungen Mönch, der regungslos am Altar *in cornu epistolae* stand (diesen Ausdruck verwendete Pater Pio, als er den Vorfall erzählte: *cornu epistolae* ist die rechte Seite des Altars, wo früher die Epistel vorgelesen wurde).

›Was machst du da?‹, fragte Pater Pio in strengem Ton. Da er keine Antwort erhielt, fuhr er in demselben tadelnden Ton fort: ›Du erledigst die Hausarbeiten ziemlich gut! Statt die Dinge in Ordnung zu bringen, zerbrichst du die Kandelaber samt Kerzen!‹

Die ›Hausarbeiten‹ waren und sind immer noch in der Umgangssprache der Klosterbrüder die Reinigungs- und Aufräumarbeiten im Kloster und in der Kirche, die dort, wo es ein Seminar gab, von den Seminaristen ausgeführt wurden. Der junge Mönch blieb weiterhin stumm und völlig regungslos. Es war vollkommen still. Da rief Pater Pio ihn in befehlendem Ton an: ›Du ...! Was machst du da?!‹

Der junge Mönch antwortete: ›Ich bin Bruder ... aus ...‹ Als er diese Antwort erhielt, fragte Pater Pio, halb neugierig und halb erstaunt, immer noch in etwas strengem Ton: ›Und was machst du um diese Zeit hier?‹

Darauf der junge Mönch: ›Ich verbringe hier mein Fegefeuer. Ich bin Seminarist in diesem Kloster gewesen und muss nun die Sünden abbüßen, die ich während meines Aufenthalts hier begangen habe, denn es hat mir bei der Ausübung meiner Pflichten in dieser Kirche an Fleiß gefehlt.‹

Da verstand Pater Pio, worum es sich handelte, und beschloss, dem Mitbruder entgegenzukommen. Er versetzte sich in die Lage des jungen Mönchs und sagte mit sanfter und väterlicher Stimme: ›Nun, hör zu! Ich werde morgen eine Messe für dich lesen, aber komm nicht mehr hierher.‹

Ein wenig erschüttert verließ Pater Pio den Chor und ging zum ›gemeinsamen Feuer‹, wo er seine Mitbrüder antraf, die schon auf ihn warteten. Die Mitbrüder bemerkten sofort, dass Pater Pio etwas aufgeregt war, und fragten ihn nach dem Grund. Pater Pio wich ihren Fragen und ihren Blicken aus und sagte, dass ihm kalt sei. Nach nur zehn Minuten fragte Pater Pio einen der Anwesenden, einen jungen Herrn namens Giuseppe de Rossi, der im Seminar Literatur unterrichtete und den Vorfall 1926 veröffentlichte: ›Bist du in der Kirche gewesen?‹

Die Frage war sinnvoll, denn der junge Lehrer ging jeden Abend in die Kirche, um an der Lampe vor dem Tabernakel den Docht zu tauschen. Der junge Lehrer, der auch den Schlüssel für die Kirche hatte, antwortete, dass er etwas später dorthin gehen werde.

Pater Pio sagte lächelnd zu ihm: ›Pass auf, ob du nicht jemanden triffst, und gib acht, du wirst ein paar Kerzen finden, die auf dem Boden liegen.‹ Da nahm der junge Lehrer eine Lampe und begab sich zusammen mit einem der Mönche in die Kirche. Die beiden durchsuchten die Kirche, fanden aber alle Kerzen an ihrem Platz. Als sie zurückkamen, sagten sie zu Pater Pio, dass sie in der Kirche nichts gefunden hatten, was ihre Aufmerksamkeit auf sich gezogen hätte.

Pater Pio antwortete entschlossen: ›Das ist unmöglich. Gehen wir, um nachsehen.‹

Sie gingen alle zusammen in die Kirche. Als sie ankamen, forderte Pater Pio sie auf, nach oben zum Altar zu schauen, und er bat den jungen Lehrer, einen Stuhl zu nehmen und auf dem Tabernakel nachzusehen: Da befand sich eine nicht zerbrochene Kerze zwischen dem Tabernakel und dem Bild der Muttergottes in einer Lage, in die sie unmöglich hätte auf natürliche Weise fallen können. Zurück am ›gemeinsamen Feuer‹ wollten alle wissen, was vorgefallen sei. Pater Pio erzählte mit einem Lächeln den Vorfall, der ihm widerfahren war, und fügte noch den Rest seiner Unterhaltung mit dem jungen Kleriker hinzu:

›Nun, was machst du da?‹ Und der Mönch antwortete: ›Ich pflege die Altäre, die ich zu Lebzeiten vernachlässigt habe.‹

›Das ist etwas anderes als Pflegen! Mir scheint, du bringst alles durcheinander!‹ Wenn Pater Pio später von diesem Vorfall erzählte, schloss er in der Regel mit der Bemerkung: ›Weil er seinen Pflichten nicht eifrig genug nachgekommen war, war jener junge Mönch 60 Jahre nach seinem Tod immer noch im Fegefeuer! Man stelle sich vor, wie lange und wie hart dann erst das Fegefeuer für diejenigen sein wird, die viel schwerere Schuld auf sich laden!‹

Man hat dann auch Nachforschungen angestellt und es hat sich herausgestellt, dass jener Mönch vor der Aufhebung der religiösen Orden 1866 durch den italienischen Staat im Kloster von San Giovanni Rotondo gewesen war.«[10]

Während einer der kulturellen Reisen, die seine Großmutter und seine Mutter mit Carlo durch Italien unternahmen, um die schönen Kunstwerke kennenzulernen, an denen unser Land so reich ist, beschloss Carlos Mutter, mit ihm nach Lucca zu fahren, um die Plätze zu besuchen, an denen die heilige Gemma Galgani gelebt hatte. Carlo war 1998 sieben Jahre alt. Sie besuchten zunächst die ihr gewidmete Wallfahrtskirche, in der ihre sterblichen Überreste ruhen, und dann das Haus der Gianninis, in dem die heilige Gemma nach dem Tod ihrer Eltern einen Großteil ihrer Jugend verbracht hatte. Carlo war sehr beeindruckt von den Erzählungen der Ordensschwester, die sie begleitete, über die Beziehung, die die heilige Gemma mit ihrem Schutzengel unterhielt. So erzählte die Ordensschwester Carlo, wie der Schutzengel die heilige Gemma tadelte, weil sie manchmal während der Heiligen Messe abgelenkt war oder weil sie zu sehr an Gegenständen hing, wie z.B. einer goldenen Uhr, die sie geschenkt bekommen hatte. Dank einer Sondergenehmigung der Ordensschwester durfte Carlo auch auf demselben Stühlchen sitzen, auf dem früher die heilige Gemma gesessen hatte. Die Ordensschwester war wahrscheinlich von Carlos Fragen und dem sanften Ausdruck seines Gesichts und seinem Interesse an der Heiligen fasziniert, sodass sie behauptete: »Mir erscheint er wie ein kleiner Engel.« Unmittelbar danach durfte Carlo auch das Schlafzimmer der heiligen Gemma besichtigen, in dem ein Möbelstück steht, das die Heilige benutzte, um abends die Briefe aufzubewahren, die sie an ihren in Verona lebenden Seelenführer geschrieben hatte. In der Nacht kümmerte sich ihr Schutzengel um die Briefe und brachte sie sofort zu ihrem Seelenführer. Deshalb hatte die heilige Gemma nie die normale Post benutzt, weil ihr Schutzengel die Briefe direkt zustellte.

Zu Carlos Verehrung für Pater Pio von Pietrelcina ist hinzuzufügen, dass der Heilige der geistliche Vater einer Tante seiner Mutter war. Von Zeit zu Zeit erzählte diese Tante erstaunliche Geschichten über Pater Pios Fähigkeit, in die Seele der anderen schauen zu können. Einmal erzählte sie, wie sie nach San Giovanni Rotondo gefahren war, nur um ihn zu sehen, was jedoch nur aus der Ferne möglich war wegen der Menschenmenge, die ihn umgeben hatte. Sie betete in ihrem Herzen zum Herrn um ein kleines Zeichen durch den Mönch: Sie bat ihn, ob es möglich wäre, ihren Kopf zu streicheln. Der Heilige ging den langen Flur entlang, an dessen Seiten die Gläubigen standen, die gekommen waren, um ihn zu sehen. Er ging an Carlos Tante vorbei, ohne anzuhalten. Als er jedoch das Ende des Flurs erreicht hatte, drehte er um und ging zu seiner Tante, die etwa 20 Meter entfernt stand, streichelte ihren Kopf und segnete sie. Dies rief bei allen Anwesenden ein großes Erstaunen hervor, denn die Tante war damals ein kleines Mädchen und im Vergleich zu den sehr bekannten Persönlichkeiten unter den Gläubigen nicht sehr auffällig. Dieser Vorfall, den die Tante oft erzählt hat, beeindruckte Carlo so sehr, dass er seine Eltern bat, mit ihm das Kloster von Pater Pio zu besuchen, um dort den berühmten Flur anzuschauen. Im Jahr 2004, auf einer Pilgerreise zu Unserer Lieben Frau vom Rosenkranz in Pompeji, machte seine Mutter einen kleinen Umweg und nahm Carlo mit zum Kloster von Pater Pio in San Giovanni Rotondo. Dort trafen sie einen Taxifahrer, der ein geistlicher Sohn von Pater Pio gewesen war. Er erzählte Carlo, dass der Heilige ihn üblicherweise bat, bestimmte Leute, die vom Teufel schikaniert wurden, direkt zum Heiligtum des heiligen Erzengels Michael zu fahren, denn »nur an diesem Ort«, sagte Pater Pio, »ist es möglich, Heilung für Körper und Seele zu erlangen«. Carlo bat seine Mutter sofort, mit ihm zu diesem Heiligtum zu fahren, und sein Erstaunen war groß, als er sah, dass sich das Heiligtum nicht im Freien, sondern in einer sehr tiefen Grotte befand. Einer der Wallfahrtsführer erklärte Carlo, dass die Tiefe der Grotte bedeute, dass diejenigen, die das Heiligtum des Erzengels Michael besuchen, eine sehr tiefe innere Reise machen müssen, um sich von ihren Sünden zu reinigen und so geheilt wieder hinaufsteigen zu können. Carlos Mutter erinnerte sich, dass ihr Sohn den Abstieg auf der langen Treppe mit großer Rührung begann. Der Junge wusste, dass der Erzengel direkt in dieser Höhle erschienen war und einen Fußabdruck auf dem Felsen hinterlassen hatte. Bei dieser Erscheinung hatte er folgende Botschaft gegeben: »Ich bin der Erzengel Michael, der unablässig am Throne Gottes steht. Ich wünsche, dass dieser Platz auf Erden geehrt und bevorzugt werde. Die Höhle ist mir heilig, sie ist meine Wahl. Über alles, was man an diesem Platz vollbringt, bin ich Hüter und Wächter. Wo der Fels sich öffnet, können die Sünden der Menschen vergeben werden …

Was hier im Gebet erbeten wird, wird erhört werden. Gehe deshalb auf den Berg und weihe die Höhle dem christlichen Glauben.«

Es war Papst Gelasius I., der 493 seine Zustimmung gab, die Höhle der Erscheinungen dem Erzengel Michael als Wallfahrtsstätte zu widmen. Am 5. März 1997 gewährte die Apostolische Pönitentiarie auf Anordnung von Papst Johannes Paul II. unter den üblichen Bedingungen (sakramentale Beichte, eucharistische Kommunion und Gebet für die Anliegen des Heiligen Vaters) den vollkommenen Ablass *in perpetuum* [»auf ewig«], den die Gläubigen im Heiligtum des Erzengels Michael erlangen können, wenn sie andächtig an einem Gottesdienst teilnehmen oder zumindest das *Vaterunser* und das *Credo* beten. Zu den berühmtesten Pilgern, die die Grotte besuchten, zählte der heilige Franziskus von Assisi, der 1221 zum Monte Sant'Angelo kam, um sich auf die Fastenzeit vorzubereiten.

Carlo war von diesem heiligen Ort zutiefst beeindruckt und machte es sich zur Gewohnheit, die den neun Engelschören gewidmete »Engelskrone« zu beten. Sie besteht aus 27 *Gegrüßet seist du, Maria* und 9 *Vaterunser*, die den Engeln gewidmet sind. Nach der Überlieferung wurde diese »Engelskrone« vom heiligen Michael selbst der Dienerin Gottes Antonia de Astonac in Portugal offenbart. Der Erzengel, der der Dienerin Gottes erschien, offenbarte ihr, dass er mit neun Anrufungen zu Ehren der neun Engelschöre verehrt werden möchte. Der heilige Michael versprach, dass jeder, der ihn mit dem Beten der »Engelskrone« vor der Kommunion verehrt, von einem Engel aus jedem Chor zum Altar begleitet wird und seinen besonderen Schutz und den aller Engel genießt, sowohl zu Lebzeiten als auch nach dem Tod im Fegefeuer.

Carlos Marienweihe

Aufgrund seiner großen Verehrung der Gottesmutter betete Carlo jeden Tag den Rosenkranz. Er hat mehrmals die Marienweihe vollzogen, um seine Zuneigung zur Gottesmutter zu bezeugen und ihre Unterstützung zu erbitten, damit sie ihm die notwendigen Gnaden schenke, um Gottes Liebe zu erwidern. Carlo war sich bewusst, dass der Weg zur Begegnung mit Christus ohne die Hilfe Mariens sehr viel schwieriger und voller Hindernisse wäre. Tatsächlich liebte Carlo die Gottesmutter mehr als alle Heiligen.

Unter den Titeln, mit denen die Jungfrau geehrt wird, und den Heiligtümern, die ihr gewidmet sind, nahm der Titel Unserer Lieben Frau vom Rosenkranz von Pompeji eine grundlegende Bedeutung in Carlos Leben ein. Die Familie von Carlos Großvater [väterlicherseits] war mit diesem Heiligtum sehr verbunden.

Auch Carlos Urgroßmutter mütterlicherseits war mit dem Heiligtum von Pompeji sehr verbunden, da sie dort geheiratet und an ihrem Hochzeitstag ein Gelübde abgelegt hatte mit dem Versprechen, ihr ganzes Leben lang den Rosenkranz treu zu beten. Carlo, der von diesem Gelübde wusste, nahm in seiner Kindheit mehrmals an einer Wallfahrt dorthin teil.

Eines Tages betete Carlo gerade vor dem Bild der Muttergottes von Pompeji sehr inständig für die Bekehrung einer Frau, der Mutter eines sehr engen Freundes der Familie, die seit 30 Jahren das Sakrament der Eucharistie und der Beichte nicht mehr empfangen hatte. Auch dank seiner inständigen Gebete zur Gottesmutter beichtete diese Frau nach einiger Zeit und empfing wieder die heilige Kommunion. Von dieser Bekehrung war Carlo sehr beeindruckt und sie überzeugte ihn vor allem von der großen Kraft der Fürbitte, die die selige Jungfrau Maria bei unserem Herrn einlegt.

In der Wallfahrtskirche von Pompeji gibt es die Tradition, dass die Pilger, die sich an die Priester in der Sakristei wenden, einen besonderen Ritus der Weihe an die Muttergottes vollziehen können. Sobald Carlo von dieser Möglichkeit erfahren hatte, wollte er sich auch der Muttergottes weihen. Im Laufe seines Lebens hat er diese Weihe siebenmal vollzogen.

Carlo verehrte die selige Jungfrau Maria so sehr, dass er keine Gelegenheit ausgelassen hat, die Weihe an die Muttergottes zu wiederholen, wann immer er konnte. In Mailand gab es in einer Kirche in der Via Sant'Antonio einen Priester, der nach der Feier der Heiligen Messe für die Gläubigen, die ihn darum baten, die Weihe an die Gottesmutter vornahm. Zur Erinnerung an die Weihe überreichte der Priester jedem eine Medaille mit blauem Band. Carlo hatte mehrere dieser Medaillen gesammelt, die zu den Dingen gehörten, die ihm am meisten bedeuteten!

Einmal kamen Carlos Cousins aus Rom nach Mailand, um dort die Silvesternacht zu verbringen, und bei dieser Gelegenheit begleitete Carlo sie zur Kirche in der Via Sant' Antonio, in der sie sich der Muttergottes weihten. In diesem Zusammenhang erinnerten sich seine Cousins daran, dass »wir Silvester in Mailand verbrachten und uns der Muttergottes weihten und ein Herr vor dem Dom uns viele Rosenkränze schenkte und Carlo und wir den Rosenkranz gemeinsam beteten ...«.

Die göttliche Barmherzigkeit und die tiefen theologischen Einsichten des jungen Carlo

Carlo mochte den Papst sehr, den Stellvertreter Christi auf Erden, und er empfand es als Pflicht, dem zu folgen, was der Papst als vorgegebenen Glauben lehrt. Seit Johannes Paul II. im Jahr 2000 das Fest der Göttlichen Barmherzigkeit am ersten Sonntag nach Ostern, dem sogenannten »Weißen Sonntag«, eingeführt hatte, bat Carlo seine Eltern, mit ihm zusammen vor dem Fest die Novene zu beten, die Jesus selbst der heiligen Faustyna Kowalska diktiert hatte, indem er Folgendes versprach:

»Ich wünsche, dass der erste Sonntag nach Ostern zum Fest der Barmherzigkeit ausgerufen wird. Meine Tochter, sprich zur ganzen Welt über meine unermessliche Barmherzigkeit! Die Seele, die an diesem Tag beichtet und die heilige Kommunion empfängt, erhält einen vollkommenen Ablass ihrer Sünden und Sündenstrafen. Ich wünsche, dass dieses Fest in der ganzen Kirche feierlich begangen wird. An diesem Tag ist das Innere meiner Barmherzigkeit geöffnet. ... Wenn sich mir eine Seele mit Vertrauen naht, erfülle ich sie mit so gewaltiger Gnade, dass sie diese Gnade in sich selbst nicht fassen kann und sie auf andere Seelen ausstrahlen wird. ... Keine Seele soll Angst haben, sich mir zu nähern, auch wenn ihre Sünden rot wie Scharlach wären.«[11]

Carlo legte großen Wert darauf, diese Novene zu beten, da er, wie bereits erwähnt, große Angst hatte, ins Fegefeuer zu kommen. Diese Befürchtung hatte sich noch verstärkt, nachdem er den *Traktat über das Fegefeuer* der großen Mystikerin Katharina von Genua gelesen hatte, die ihre Vision wie folgt beschrieb: »Im Fegefeuer erleiden die Seelen einen so extrem großen Schmerz, dass es keine Worte gibt, die ihn beschreiben können ...« Und den Rest können wir uns vorstellen!

Carlo war überzeugt, dass es sehr schwierig ist, nicht ins Fegefeuer zu kommen, und er schrieb einige dieser Schriften ab, um sie denjenigen zu zeigen, die nicht an die Existenz des Fegefeuers und der Hölle glaubten. Unter den vielen Texten, die Carlo sammelte, stammt der folgende über das Fegefeuer und einer über die Hölle aus dem *Tagebuch der hl. Schwester Faustyna Kowalska*: »Plötzlich befand ich mich an einem nebligen, mit Feuer gefüllten Ort und an ihm viele leidende Seelen. Diese Seelen beten sehr inständig, doch ohne Wirkung für sich selbst, nur wir können ihnen zu Hilfe kommen. Die Flammen, die um sie herum brannten, berührten mich nicht. Mein Schutzengel verließ mich keinen Augenblick. Ich fragte die Seelen, welches ihre größte Qual sei. Übereinstimmend antworteten sie mir, dass ihre größte Qual die Sehnsucht nach Gott sei. Ich sah die Gottesmutter, die die Seelen im Fegefeuer besuchte. Die Seelen nennen Maria ›Stern des Meeres‹. Sie bringt ihnen Linderung. Ich wollte noch mehr mit ihnen reden, doch mein Schutzengel gab mir ein Zeichen, dass ich gehen solle. Und wir gingen durch die Tür dieses Gefängnisses der Schmerzen hinaus. In meinem Inneren vernahm ich eine Stimme, die sagte: ›Meine Barmherzigkeit will das nicht, aber die Gerechtigkeit erfordert es.‹«

Der Abschnitt über die Hölle, wie sie von der heiligen Schwester Faustyna beschrieben wurde, hat Carlo sehr beeindruckt: »Sie ist ein Ort großer Qualen, ihre Ausdehnung ist entsetzlich groß. Dies sind die verschiedenen Qualen, die ich gesehen habe: Die erste Qual, die die Hölle ausmacht, ist der Verlust Gottes; die zweite – der ständige Gewissensvorwurf; die dritte – dass sich dieses Los niemals mehr ändert; die vierte – ist das Feuer, das die Seele durchdringt, ohne sie zu zerstören; das ist eine schreckliche Qual; es ist ein Feuer, von Gottes Zorn entzündet. Die fünfte Qual – ist die ständige Finsternis und ein furchtbarer Gestank. Obgleich es dunkel ist, sehen sich die Teufel und die verdammten Seelen gegenseitig; sie sehen alles Böse der anderen und auch ihr eigenes; die sechste Qual – ist die unablässige Qual, die furchtbare Verzweiflung, der Hass gegen Gott, die Lästerung, Verfluchungen und Schmähungen. Das sind Qualen, die alle Verdammten gemeinsam erleiden, doch das ist noch nicht das Letzte. – Es gibt noch besondere Qualen für die Seelen, nämlich Qualen der Sinne. Womit die einzelne Seele gesündigt hat, damit wird sie auf furchtbare und unbeschreibliche Weise gepeinigt.«[12]

Carlo kannte viele Leute, die nicht an die Hölle und das Fegefeuer glaubten, angefangen bei seinen engsten Verwandten. Diese Tatsache war für ihn immer ein Ansporn, Kenntnisse zu erwerben, um Ungläubige zum Glauben zu führen. Carlo hatte sogar einmal ein Streitgespräch mit einem Priester, der die Existenz des Fegefeuers und der Hölle leugnete. Es ist jedoch erwähnenswert, dass Carlo immer die Überzeugung vertreten hat, dass alle Priester als Diener Gottes respektiert und geehrt werden sollen, auch wenn sie für die Gläubigen nicht immer ein leuchtendes Beispiel sind.

Was seine Ausbildung und seine Spiritualität betrifft, so muss anerkannt werden, dass Carlo trotz seines jugendlichen Alters immer ein besonders klares Verständnis der Glaubenswahrheiten hatte, die normalerweise nur Theologen gut erklären können. Sein Firmpate, der Theologie studierte und die Absicht hatte, in Dogmatik promoviert zu werden, hat ein Zeugnis abgelegt, das Licht in die tiefe Innerlichkeit des Jungen bringt:

»Carlo war in intellektueller und spiritueller Hinsicht besonders begabt, und ich stellte oft fest, dass er in der Lage war, komplexe und schwierige theologische Konzepte zu verstehen, sodass mich dies zur Überzeugung brachte, dass er eine besondere Veranlagung hatte für den künftigen Beruf eines Theologen. Ich erinnere mich insbesondere an zwei Fragen, die ich ihm stellte, als er etwa acht Jahre alt war, und die ich im Folgenden wiedergeben möchte. Die erste Frage bezog sich auf den Primat des Petrusamtes, und ich stellte sie ihm missverständlich, indem ich vorgab, die richtige Antwort nicht zu wissen, und formulierte sie folgendermaßen: ›Weißt du, dass der Papst nur ein einfacher Bischof ist wie alle anderen?‹ Carlos Antwort kam sofort: Er zitierte die Stelle des Christusbekenntnisses von Caesarea Philippi, in der Jesus sagt: ›Du bist Petrus und auf diesen Felsen werde ich meine Kirche bauen und die Pforten der Unterwelt werden sie nicht überwältigen.

Ich werde dir die Schlüssel des Himmelreichs geben; was du auf Erden binden wirst, das wird im Himmel gebunden sein, und was du auf Erden lösen wirst, das wird im Himmel gelöst sein.‹ Er sagte mir, dass ›es eindeutig Jesus war, der den Papst als Haupt der Kirche eingesetzt hat, und dass der Papst der Stellvertreter Christi auf Erden ist‹. Er hielt sich ausführlich bei der Tatsache auf, dass der Name *Petrus* eine buchstabengetreue Übertragung des hebräischen Wortes *Stein* ist, ein Symbol für den Felsen, auf den Jesus seine Kirche gebaut hat. Carlo sagte: ›Wenn Jesus gemeint hätte, dass Petrus nur sein Nachfolger sei, wäre die Kirche mit Petrus bereits beendet gewesen, denn wer hätte die anderen Bischöfe und Priester geweiht, wenn Jesus nicht Petrus und seinen Nachfolgern den Auftrag dazu gegeben hätte?‹

Die andere Frage, die ich ihm stellte, betraf die wahrhaftige Gegenwart Jesu im Sakrament der Eucharistie. Ich formulierte wie folgt:

›Ist die Hostie nach der Konsekration deiner Meinung nach nur ein Symbol, das uns an Jesus und das letzte Abendmahl erinnert?‹ Carlo antwortete: ›In der Eucharistie ist Jesus mit seinem Leib, seinem Blut, seiner Seele und seiner Gottheit wirklich gegenwärtig und sie ist deshalb kein Symbol.‹

Sofort erwiderte ich: ›Aber wenn du die konsekrierte Hostie isst, hat sie doch immer den gleichen Geschmack, den gleichen Geruch, die gleiche Farbe: Wie kann sie dann der Leib, das Blut, die Seele und die Gottheit Jesu sein?‹ Carlo begann dann, mir die ganze Frage der Transsubstantiation zu erklären, und sagte, dass ›die Substanz der Hostie vor der Konsekration die Substanz des Brotes ist, aber nach der Konsekration zur Substanz des Leibes, des Blutes, der Seele und der Gottheit Jesu Christi wird‹, und dass ›jedoch die eucharistischen Gestalten auch nach der Konsekration immer dieselben bleiben, sodass ihr Geschmack, ihr Geruch und ihre Farbe sich nicht verändern‹. Schließlich fragte ich ihn, was die Substanz sei, und er antwortete: ›Das tiefste Wesen.‹ Dann brachte ich einen letzten Einwand zum Ausdruck: ›Aber für manche Leute ist die Eucharistie nur ein Symbol!‹, und er erwiderte überzeugt: ›Sie denken nicht richtig und irren sich.‹«

Das Heiligste Herz Jesu und Carlo

Carlo empfand eine tiefe Verehrung für das Heiligste Herz Jesu. Er wiederholte gerne, dass »das Heiligste Herz Jesu die Eucharistie ist« und führte oft als Beispiel das eucharistische Wunder an, das sich 750 in Lanciano ereignet hatte, als der Priester, der die Heilige Messe zelebrierte, von starken Zweifeln an der wirklichen Gegenwart Jesu im konsekrierten Brot und Wein geplagt wurde. Im Augenblick der Konsekration wurde jedoch die Hostie, die er in den Händen hielt, in Fleisch und der Wein in Blut verwandelt.

Erstaunlich ist der Bericht des Wissenschaftlers Edoardo Linoli, Professor für Anatomie, Histologie, Chemie und klinische Mikroskopie, über die 1970 durchgeführten Analysen der Reliquien:

»1. Das ›wunderbare Fleisch‹ ist in Wirklichkeit Fleisch, das aus dem quer gestreiften Muskelgewebe des Herzmuskels besteht.

2. Das ›wunderbare Blut‹ ist echtes Blut: Die chromatografische Analyse beweist dies mit unbestreitbar absoluter Sicherheit.

3. Die immunologische Untersuchung zeigt, dass das Fleisch und das Blut zweifellos menschlicher Natur sind, und der immunhämatologische Test ermöglicht es, mit aller Objektivität und Gewissheit festzustellen, dass beide zur gleichen Blutgruppe AB gehören.

4. Die im Blut enthaltenen Proteine sind normal verteilt, und zwar in demselben prozentualen Verhältnis wie im Mus-

ter eines Serum-Eiweiß-Diagramms von normalem frischem Blut.

5. Bei keinem histologischen Schnitt wurde das Vorhandensein von Salzen oder Konservierungsmitteln festgestellt, die in der Antike zum Zweck der Mumifizierung verwendet wurden.«

Carlo konnte daher in seiner großen Verehrung der Eucharistie dieses beunruhigende Wunder nicht außer Acht lassen, das zwar kein Glaubensdogma ist, aber doch ein ganz besonderes Zeichen, das der Herr den ungläubigen Menschen gesandt hat, um zu zeigen, dass die Eucharistie wirklich sein Herz ist. Das erklärt, warum Carlo unmittelbar nach seiner Erstkommunion 1998 darauf bestand, dass die ganze Familie die offizielle Weihe an das Heiligste Herz Jesu vornahm. Tatsächlich fand die Weihe einige Tage später in der Kirche *San Fedele* in Mailand im Beisein eines Jesuitenpaters statt.

Im Herzen Jesu sah Carlo die unermessliche Liebe Gottes, die sich über die Menschen ergossen hat. Carlo hatte das Buch über das Leben der heiligen Margareta Maria Alacoque (1647–1690) und die Offenbarungen des Heiligsten Herzens Jesu gelesen und kannte sie sehr gut. Deshalb ging er an den ersten Freitagen des Monats gerne zur Kommunion, um Buße zu tun für die begangenen Sünden und Vergehen gegen Jesus. Er schrieb auch die Worte nieder, die Christus der heiligen Margareta Maria Alacoque zwischen dem 13. und 20. Juni 1675 in der Oktav des Fronleichnamsfestes gesagt hatte: »Siehe dieses Herz, das die Menschen so sehr geliebt hat, dass es bis hin zur Erschöpfung und Verzehrung an nichts gespart hat, um ihnen seine Liebe zu bezeugen; als Dank empfange ich von den meisten Menschen in diesem Sakrament der Liebe nur Undank durch ihre Unehrerbietigkeit, Sakrilegien, Kälte und Verachtung. Was mich aber am meisten schmerzt, ist, dass die Herzen, die mir besonders geweiht sind, mir auf diese Weise begegnen. Darum verlange ich von dir, dass der erste

Freitag nach der Fronleichnamsoktav ein besonderer Festtag zur Verehrung meines Herzens werde; dass man an dem Tage sich dem heiligen Tische nahe und einen Ehrenersatz leiste zur Sühnung all der Beleidigungen, welche meinem Herzen, seit es auf den Altären weilt, zugefügt wurden, und ich verspreche dir, dass mein Herz diejenigen im reichsten Maße den Einfluss seiner Liebe fühlen lassen wird, die es verehren und die sorgen, dass es auch von andern verehrt werde.«

Hier die große Verheißung, die der Herr der heiligen Margareta Maria 1686 für all jene geoffenbart hat, die am jeweils ersten Freitag des Monats die heilige Kommunion empfangen: »Ich verspreche dir im Übermaße der Güte meines Herzens, dass meine allmächtige Liebe allen, die am ersten Freitag in neun aufeinanderfolgenden Monaten die heilige Kommunion empfangen, die Gnade aufrichtiger Reue in der Todesstunde verleihen wird, sodass sie nicht in meiner Ungnade sterben, sondern die heiligen Sakramente empfangen und in der letzten Stunde einen sicheren Zufluchtsort in meinem Herzen finden.«

Carlo bewahrte dieses Versprechen in seinem Herzen und verbreitete diese Praxis unter seinen Bekannten, damit sie die Schätze der göttlichen Barmherzigkeit, die im Heiligsten Herzen verborgen sind, nutzen konnten. Die Hingabe des Jungen an das göttliche Herz verstärkte seine Liebe zu Jesus und drängte ihn, für die vielen Sünden, die die Menschen täglich begehen, Wiedergutmachung zu leisten.

Er hatte diejenigen im Blick, die in Gleichgültigkeit leben, die Lästerungen und Frevel begehen und die Eucharistie entweihen. Für all diese Seelen betete er, für sie leistete er Wiedergutmachung und versuchte, andere Menschen in dieses Werk der Wiedergutmachung miteinzubeziehen. Carlo war sich bewusst, dass es notwendig ist, Jesus zu folgen, um ihm seine Liebe zu zeigen, und dass ohne seine Hilfe all unsere Bemühungen vergeblich sind: Deshalb wurde für ihn die Weihe an das Herz Jesu sehr wichtig. Diese Weihe ist ein Akt der Liebe und der kindlichen Hingabe an ihn, der uns mit unendlicher Liebe liebt.

Die Jungfrau Maria von Lourdes und Carlo

Carlo verehrte die Eucharistie und die Jungfrau Maria sehr, und einige Monate vor seinem 12. Geburtstag beschlossen seine Eltern, mit der ganzen Familie mit dem Auto nach Spanien zu reisen. Zu den verschiedenen Stationen auf der Reise gehörte auch Lourdes, um Carlos Wunsch nachzukommen, der den Ort besuchen wollte, an dem die Gottesmutter der heiligen Bernadette erschienen war, und das wunderbare Wasser zu trinken, das die Jungfrau Maria in der Grotte der Erscheinungen hervorquellen ließ.

Vom 11. Februar bis zum 16. Juli 1858 erschien die Jungfrau Maria der 14-jährigen Bernadette 18 Mal, und nachstehend folgt ein Bericht über die vollständige Geschichte der Erscheinungen, wie sie auf der offiziellen Internetseite des Heiligtums Unserer Lieben Frau von Lourdes[13] beschrieben wird:

»*Donnerstag, 11. Februar 1858: die Begegnung*
In Begleitung ihrer Schwester und einer Freundin geht Bernadette nach Massabielle an der Gave, um Knochen und trockenes Holz zu sammeln. In dem Moment, in dem sie ihre Holzschuhe auszieht, um den Fluss zu überqueren, hört sie ein Geräusch, das wie ein Windstoß klingt, und hebt den Kopf in Richtung Grotte: ›Ich sah eine weiß gekleidete Dame: Sie trug ein weißes Kleid, einen weißen Schleier, einen blauen Gürtel und auf jedem Fuß eine gelbe Rose.‹ Bernadette macht das Kreuzzeichen und betet den Rosenkranz mit der Dame. Nach Beendigung des Gebets verschwindet die Dame abrupt.

Sonntag, 14. Februar: das Weihwasser
Bernadette verspürt eine innere Kraft, die sie dazu drängt, trotz des Verbots ihrer Eltern zur Grotte zurückzukehren. Ihre Mutter gibt ihrem Drängen nach und erlaubt ihr, dies zu tun; nach dem ersten Gesätz des Rosenkranzes erscheint ihr dieselbe Dame. Sie besprengt sie mit Weihwasser. Die Dame lächelt und neigt ihr Haupt. Als das Rosenkranzgebet beendet ist, verschwindet sie.

Donnerstag, 18. Februar: die Dame spricht
Zum ersten Mal spricht die Dame. Bernadette reicht ihr einen Stift und ein Blatt Papier und bittet sie, ihren Namen darauf zu schreiben. Sie antwortet: ›Das ist nicht nötig‹, und fügt hinzu: ›Ich verspreche dir nicht, dich in dieser Welt glücklich zu machen, wohl aber in der anderen. Würdest du die Güte haben, zwei Wochen lang hierher zu kommen?‹

Freitag, 19. Februar: eine kurze und schweigende Erscheinung
Bernadette geht mit einer brennenden und geweihten Kerze zur Grotte. Daher stammt der Brauch, Kerzen in der Hand zu halten und sie vor der Grotte anzuzünden.

Samstag, 20. Februar: in Stille
Die Dame lehrt Bernadette ein persönliches Gebet. Am Ende der Erscheinung überkommt Bernadette eine große Traurigkeit.

Sonntag, 21. Februar: Aquero
Die Dame erscheint Bernadette früh am Morgen. Etwa 100 Personen begleiten das Mädchen. Danach wird Bernadette von Polizeikommissar Jacomet verhört. Er möchte, dass sie ihm sagt, was sie gesehen hat. Bernadette spricht mit ihm nur von *Aquero* (›dieser‹).

Dienstag, 23. Februar: das Geheimnis

Umgeben von 150 Menschen begibt Bernadette sich zur Grotte. Die Erscheinung enthüllt ihr ein Geheimnis, das ›nur für sie‹ bestimmt ist.

Mittwoch, 24. Februar: Buße!

Die Botschaft der Dame: ›Buße! Buße! Buße! Bete zu Gott für die Sünder! Küsse die Erde zur Buße für die Sünder!‹

Donnerstag, 25. Februar: die Quelle

300 Menschen sind anwesend. Bernadette sagt: ›Sie hat mir gesagt, dass ich zur Quelle gehen und aus der Quelle trinken soll. … Ich fand nur ein bisschen schlammiges Wasser. Beim vierten Versuch konnte ich etwas daraus trinken. Sie forderte mich ebenfalls auf, ein Kraut zu essen, das in der Nähe der Quelle wuchs. Dann verschwand die Erscheinung und ich ging weg.‹ Der Menge, die zu ihr sagt: ›Weißt du, dass man dich für verrückt hält, wenn du so etwas tust?‹, antwortet sie nur: ›Das ist für die Sünder.‹

Samstag, 27. Februar: Schweigen

Es sind 800 Personen anwesend. Die Erscheinung schweigt. Bernadette trinkt das Wasser aus der Quelle und macht die üblichen Bußübungen.

Sonntag, 28. Februar: Buße

Mehr als tausend Menschen sind Zeugen der Ekstase. Bernadette betet, küsst den Boden und bewegt sich auf Knien vorwärts als Zeichen der Reue. Sie wird sofort in das Haus von Richter Ribes gebracht, der ihr mit Gefängnis droht.

Montag, 1. März: erstes Wunder

Mehr als 1500 Menschen sind versammelt, darunter zum ersten Mal auch ein Priester. In der Nacht geht Caterina Latapie aus Loubajac zur Grotte und taucht ihren verstauchten Arm in das Wasser der Quelle: Ihr Arm und ihre Hand werden geheilt und ihre Beweglichkeit ist wiederhergestellt.

Dienstag, 2. März: Botschaft an die Priester
Die Menge wird größer und größer. Die Dame sagt zu ihr: ›Sag den Priestern, dass man in Prozessionen hierherkommen und eine Kapelle bauen soll.‹ Bernadette sagt es Pfarrer Peyramale, dem Pfarrer von Lourdes. Dieser will nur eines wissen: den Namen der Dame. Dazu verlangt er auch einen Beweis: Den Rosenstrauch der Grotte möchte er mitten im Winter blühen sehen.

Mittwoch, 3. März: ein Lächeln
Bernadette geht schon um 7 Uhr morgens zur Grotte in Anwesenheit von 3000 Menschen, doch die Erscheinung bleibt aus! Nach der Schule hört sie die innere Einladung der Dame. Sie geht zur Grotte und fragt sie nach ihrem Namen. Die Antwort ist ein Lächeln. Pfarrer Peyramale wiederholt: ›Wenn die Dame wirklich eine Kapelle wünscht, soll sie ihren Namen sagen und den Rosenstock in der Grotte blühen lassen.‹

Donnerstag, 4. März: etwa 8000 Menschen
Die immer größer werdende Menschenmenge (etwa 8000 Menschen) erwartet am Ende dieser 14 Tage ein Wunder. Die Erscheinung schweigt. Pfarrer Peyramale bleibt standhaft. Danach geht Bernadette 20 Tage lang nicht mehr zur Grotte, weil sie keinen inneren Drang mehr dazu verspürt.

Donnerstag, 25. März: der Name, auf den gewartet wurde
Die Erscheinung offenbart schließlich ihren Namen, aber der Rosenstrauch, den die Erscheinung mit ihren Füßen berührt, blüht nicht. Bernadette sagt: ›Sie hob ihre Augen zum Himmel, faltete ihre Hände zum Gebet, die zuvor ausgestreckt

und offen zur Erde gewandt waren, und sagte zu mir: *Que soy era Immaculada Councepciou.*‹

Die junge Seherin rennt los und wiederholt immer wieder diese Worte, deren Bedeutung sie nicht versteht. Wohl aber beeindrucken und rühren sie den mürrischen Pfarrer. Die Seherin weiß nicht, dass sich dieser theologische Ausdruck auf die heilige Jungfrau bezieht und dass vier Jahre zuvor, 1854, Papst Pius IX. das Dogma von der Unbefleckten Empfängnis verkündet hatte.

Mittwoch, 7. April: das Kerzenwunder
Während dieser Erscheinung lässt Bernadette ihre Kerze brennen. Die Flamme umzüngelt lange Zeit ihre Hand, ohne sie zu verbrennen. Diese Tatsache wird vom Arzt, Doktor Douzous, sofort bemerkt.

Donnerstag, 16. Juli: die letzte Erscheinung
Bernadette verspürt den geheimnisvollen Ruf der Grotte, aber der Zugang zu ihr ist verboten und durch ein Eisengitter verschlossen. Sie geht also in die entgegengesetzte Richtung auf die andere Seite der Gave. ›Es schien mir, als ob ich vor der Grotte stünde, in der gleichen Entfernung wie die anderen Male, ich konnte nur die Jungfrau sehen, ich habe sie nie so schön gesehen!‹«

Als sie in Lourdes ankamen, erinnerte sich Carlo an Bernadettes Beschreibungen der Erscheinungen der Unbefleckten Empfängnis, über die er so oft in Büchern gelesen hatte. Er konnte es kaum erwarten, denselben Boden zu betreten, auf dem die Jungfrau Maria einem 14-jährigen Hirtenmädchen erschienen war, das nicht einmal Französisch sprechen und sich wegen seiner Schüchternheit kaum mit seinen Spielkameraden unterhalten konnte. Carlo war sich ganz klar bewusst, dass die Muttergottes bescheidene und demütige Menschen mag, denn als er etwa sechs Jahre alt war, erzählte er seinen Eltern, dass er eine innere Stimme gehört hatte, die zu ihm sagte: »Nicht Selbstliebe, sondern die Ehre Gottes.«

Der erste Rosenkranz, den er von einer entfernten irischen Tante, einer Verwandten seiner Großmutter väterlicherseits, geschenkt bekommen hatte, war ein Rosenkranz aus Lourdes, den er auf all seinen Reisen immer bei sich trug.

In diesem Jahr konnten sie es endlich realisieren, Lourdes, diesen ganz besonderen Ort, zu besuchen, und Carlos Eltern erinnern sich noch heute an seine große Ergriffenheit, als er in der Ferne den Fluss Gave sah, der dem Heiligtum entlangfließt.

Carlos Großmutter mütterlicherseits, die ebenfalls nach Lourdes gekommen war, bat ihren Enkel, ihr die Geschichte der Erscheinungen genau zu schildern. Carlo erzählte ihr die ganze Geschichte sehr ausführlich und betonte, dass das Hirtenmädchen Bernadette, obwohl sie fast Analphabetin war, alle Taten und Worte der Gottesmutter ohne Zögern wiedergeben konnte.

Die Jungfrau Maria hatte Bernadette unter vielen Mädchen vor allem wegen ihrer Demut ausgewählt und sie vertraute ihr eine große Botschaft zur Bekehrung und Buße für die ganze Welt an.

Carlo war sehr beeindruckt von der Lourdes-Grotte und wurde sehr nachdenklich, als er die großen Kerzen sah, die in der Abenddämmerung auf beiden Seiten der Grotte brannten. Auf dieser Reise legte Carlo ein Gelübde ab, bei dem er versprach, den Rosenkranz täglich immer treu zu beten, was er auch wirklich einhielt. Noch in den Tagen vor seinem Tod betete er den Rosenkranz zusammen mit seinem Vater, seiner Mutter und seiner Großmutter mütterlicherseits, die ihm sehr nahestand, sowie in Anwesenheit seiner vierbeinigen Begleiter.

In Lourdes kaufte Carlo Plastikbehälter in Form der Madonna, die er mit Lourdes-Wasser füllte, um sie seinen Verwandten und einigen Klausurschwestern zu schenken. Carlos Mutter beschloss, mehrere 10-Liter-Kanister zu kaufen, um sie mit dem Wunderwasser von Lourdes zu füllen, da ihr Auto halb leer war. Angesichts der anfänglichen Bedenken des Vaters, der befürchtete, dass die Kanister bei jeder Ankunft in einer Stadt ausgeladen werden müssten, beruhigte ihn sein Sohn, indem er zu ihm sagte, dass er sich schon darum kümmern würde, und so wurden die Wasserkanister in das Auto geladen. Als die Familie in Spanien ankam, fingen die Leute an zu lachen, weil sie üblicherweise nur Touristen begegneten, die kleine Wasserflaschen bei sich hatten.

Auf diese Reise nahm Carlo seinen Lieblingshund Briciola mit, der erst drei Monate alt war und ohne Schwierigkeiten in der Tasche der Großmutter transportiert werden konnte. Als sie in Madrid ankamen, freute Carlo sich sehr, denn sein Vater nahm ihn mit zum Kloster *De las Descalzas Reales*, das immer noch von Klarissinnen bewohnt wird und in dem es ein schönes Museum gibt.

Während des Museumsbesuchs geschah etwas, was die fröhliche Atmosphäre verdeutlicht, die in der Familie herrschte: Obwohl der Fremdenführer das Mitbringen von Tieren verboten hatte, beschloss Großmutter Luana, den Hund nicht im Hotel zu lassen und ihn trotzdem mitzunehmen, indem sie ihn in ihrer Tasche verbarg. Während der Besichtigung des Klosters, die sehr lange dauerte, machte der Führer manchmal lange Schweigepausen, in denen er die Anwesenden zur Meditation aufforderte und der Hund unweigerlich zu knurren begann. Dies brachte die Großmutter in große Verlegenheit, die, um nicht zu verraten, dass sie den Hund bei sich hatte, ununterbrochen hustete. Carlo hatte großen Spaß daran, alle Szenen mit seiner Kamera aufzunehmen.

Carlos große Verehrung für Unsere Liebe Frau von Fatima

Die Kirche, in der Carlo in London getauft worden war, beherbergt eine wunderschöne Statue der Muttergottes von Fatima. Die ganze Familie hegte eine große Verehrung für die Jungfrau Maria von Fatima, die als besondere Beschützerin angerufen wird. Im Jahr 2006, wenige Monate vor seinem Tod, gelang es Carlos Eltern, ihm einen großen Wunsch zu erfüllen, nämlich Fatima zu besuchen, wo die Jungfrau Maria den drei Hirtenkindern Francisco, Jacinta und Lucia, die Carlo schon immer als Vorbild betrachtet hatte, erschienen war.

Die drei Hirtenkinder beeindruckten Carlo besonders und er versuchte oft, sie nachzuahmen, indem er kleine Opfer brachte, die darin bestanden, freiwillig auf etwas zu verzichten, das er besonders mochte wie Schokolade und Nutella oder seine Lieblingsfilme usw., um, wie er sagte, »der Muttergottes einen Rosenstrauß zu schenken, die ihn dazu verwenden wird, ihren bedürftigsten Kindern zu helfen«.

Er hörte sehr gerne die Geschichte der Erscheinungen der Jungfrau Maria von Fatima, und die Begegnung mit dem Vize-Postulator der Hirtenkinder, Pater Louis Kondor, betrachtete er als großes Geschenk der Gottesmutter. Bei der Wallfahrt nach Fatima schlossen sich der Familie auch einige befreundete Schwestern des Ordens *Da Mãe de Deus* an, die in Portugal lebten, und so konnte Carlo sich auch ihres großen Wissens über die Ereignisse von Fatima bedienen und auch eine im Haus des Postulators eingerichtete Ausstellung über die Hirtenkinder Francisco und Jacinta Marto besuchen. Die Ausstellung war sehr schön und zeigte viele Fotografien von den Ereignissen und Personen im Zusammenhang mit den Erscheinungen. Die Ausstellung wurde von einer Nonne aus Lissabon begleitet, die berichtete, dass ihr Großvater am 13. Oktober 1917 Zeuge des Sonnenwunders war. Diese Nonne war sichtlich bewegt, als sie Carlo erklärte, was an diesem Tag geschehen war, und nicht jeder weiß vielleicht, dass das Wunder der tanzenden Sonne nicht nur in Fatima, sondern auch an vielen anderen Orten in Portugal zu sehen war. Dies beweist, dass es sich nicht um eine kollektive Halluzination gehandelt hat, wie einige Skeptiker behaupten, sondern um ein reales Phänomen, das so außergewöhnlich war, dass die Ursachen für dieses Phänomen nicht einmal von den Wissenschaftlern festgestellt werden konnten.

Unmittelbar nach der Ausstellung besuchte Carlo *La Loca do Cabeço*, den Ort, an dem 1916 der Engel der Eucharistie den drei Hirtenkindern erschienen war, der sich auch als Schutzengel Portugals bezeichnet hatte.

Die Ereignisse spielten sich folgendermaßen ab nach den Erinnerungen, die von Schwester Lucia dos Santos verfasst wurden:

»Es scheint mir, dass die erste Erscheinung des Engels in unserer Grotte von Cabeço auf das Frühjahr 1916 zurückgehen muss. Wir hatten ein Weilchen gespielt, und siehe, ein starker Wind schüttelte die Bäume und ließ uns schauen, was da vor sich ging, denn es war ein ruhiger Tag. Wir sahen dann jene Gestalt über dem Olivenhain auf uns zukommen. Ein Jüngling von 14 bis 15 Jahren, noch weißer als der Schnee, die Sonne machte ihn durchsichtig, als wäre er aus Kristall, und er war von großer Schönheit. Als er bei uns ankam, sagte er:

– ›Habt keine Angst, ich bin der Engel des Friedens! Betet mit mir.‹

Er kniete sich auf die Erde und beugte seine Stirn bis zum Boden. Durch einen übernatürlichen Zwang mitgerissen, taten wir dasselbe und wiederholten die Worte, die wir ihn sprechen hörten:

– ›Mein Gott, ich glaube an dich, ich bete dich an, ich hoffe auf dich und ich liebe dich. Ich bitte dich um Verzeihung für jene, die nicht an dich glauben, die dich nicht anbeten, die nicht auf dich hoffen und die dich nicht lieben.‹

Nachdem wir das dreimal wiederholt hatten, erhob er sich und sagte:

– ›So sollt ihr beten! Die Herzen Jesu und Mariens erwarten eure flehentlichen Bitten.‹

Und er verschwand. Die übernatürliche Atmosphäre, die uns umgab, war so intensiv, dass wir uns unserer eigenen Existenz lange Zeit kaum bewusst waren, da wir in der Position verharrten, in der der Engel uns verlassen hatte, und immer wieder dasselbe Gebet sprachen. Seine Worte prägten sich uns in unserem Geist so ein, dass wir sie nie vergessen würden. Von da an verharrten wir lange Zeit so, auf dem Boden liegend, und wiederholten das Gebet des Engels, bis wir manchmal vor Erschöpfung zusammenbrachen.«[14]

Die zweite Erscheinung des Engels fand nicht an dem Ort statt, an dem die erste stattgefunden hatte, sondern beim Brunnen am Rande des Grundstücks von Lucias Eltern.

»Lange Zeit später, an einem Sommertag, spielten wir in der Nähe eines Brunnens, den meine Eltern auf dem Hof hatten und den wir *Ameiro* nannten.

Von einem Moment auf den anderen sahen wir dieselbe Engelsgestalt vor uns erscheinen, die zu uns sagte:

– ›Was tut ihr? Betet! Betet viel! Die Herzen Jesu und Mariä haben mit euch Pläne der Barmherzigkeit vor. Bringt dem Allerhöchsten unaufhörlich Gebete und Opfer dar.‹

– ›Wie sollen wir Opfer bringen?‹, fragte ich.

– ›Macht aus allem, was ihr könnt, ein Opfer zur Sühne für die Sünden, durch die er beleidigt wird, und als Bitte um die Bekehrung der Sünder. So werdet ihr den Frieden auf euer Vaterland herabziehen. Ich bin sein Schutzengel, der Engel Portugals. Vor allem nehmt die Leiden, die euch der Herr schicken wird, in Ergebung an und tragt sie geduldig.‹«[15]

»Die Worte des Engels«, so erzählte Lucia später, »prägten

sich unserem Geist ein und wirkten wie ein Licht, in dem wir erkannten, wie sehr Gott uns liebt und wie sehr er geliebt sein will. Wir erkannten ferner den Wert des Opfers und dass der Herr um der Opfer willen die Sünder bekehrt. So begannen wir also, dem Herrn alles aufzuopfern, wodurch wir uns abtöteten.«[16]

Schwester Lucia erzählt weiter: »Monate später, im September oder Oktober 1916, kam der himmlische Gesandte mit einer noch erhabeneren Botschaft erneut zur Cabeço-Grotte, dem Ort der ersten Erscheinung. Sobald wir dort angekommen waren, begannen wir auf den Knien, mit dem Gesicht zur Erde, das Gebet des Engels zu wiederholen: Mein Gott, ich glaube an dich, ich bete dich an, ich hoffe auf dich und ich liebe dich usw. Ich weiß nicht, wievielmal wir dieses Gebet wiederholt hatten, als wir sahen, dass ein unbekanntes Licht über uns erschien. Wir standen auf, um zu sehen, was vor sich ging, und sahen den Engel. Er hielt einen Kelch in der Hand, darüber eine Hostie, aus der Blutstropfen in den Kelch fielen. Er ließ den Kelch und die Hostie in der Luft schweben, kniete sich auf die Erde nieder und wiederholte dreimal das Gebet:

– ›Heiligste Dreifaltigkeit, Vater, Sohn und Heiliger Geist, in tiefer Ehrfurcht bete ich dich an und opfere dir auf den kostbaren Leib und das Blut, die Seele und die Gottheit Jesu Christi, gegenwärtig in allen Tabernakeln der Welt zur Wiedergutmachung für alle Schmähungen, Sakrilegien und Gleichgültigkeiten, durch die er selbst beleidigt wird. Durch die unendlichen Verdienste seines Heiligsten Herzens und des Unbefleckten Herzens Mariens bitte ich dich um die Bekehrung der armen Sünder.‹

Dann erhob er sich und ergriff wieder Kelch und Hostie. Die Hostie reichte er mir, den Inhalt des Kelches gab er Jacinta und Francisco zu trinken mit den Worten:

– ›Empfangt den Leib und trinkt das Blut Jesu Christi, der durch die undankbaren Menschen so furchtbar beleidigt wird.

Sühnt ihre Sünden, tröstet euren Gott!‹ Dann kniete er sich erneut auf den Boden und sprach mit uns dreimal dasselbe Gebet: ›Heiligste Dreifaltigkeit usw.‹ Dann verschwand er.«[17]

Pater Kondor erklärte, dass die drei Hirtenkinder die Eucharistie empfangen hatten, um in einen übernatürlichen Zustand erhoben zu werden, um dann die Besuche der Muttergottes empfangen zu können, die ihnen fünf Monate lang, vom 13. Mai bis zum 13. Oktober 1917, erschien und ihnen bei dieser Gelegenheit auch die Hölle voller verdammter Seelen zeigte und ihnen sagte, dass »die Sünden, durch die die meisten Seelen in die Hölle kommen, die Sünden des Fleisches sind«.

Hier soll noch an ein Ereignis erinnert werden, das sich einige Jahre zuvor auf einer Reise nach Frankreich abspielte, die von Carlos Familie unternommen wurde: Carlo hatte das Tagebuch der vier Erinnerungen von Schwester Lucia mitgenommen, um es während der Reise vorzulesen und so die Familie zu unterhalten. Die Eltern erinnern sich, dass Carlo sehr unruhig wurde, als er die Stelle vorlas, an der die Hirtenkinder die Gottesmutter fragten, ob sie auch in den Himmel kämen, und sie antwortete, dass Lucia und Jacinta ganz sicher in den Himmel kommen werden, Francisco jedoch noch viele Rosenkränze beten müsse, um in den Himmel zu kommen. Vor lauter Sorge fragte er seine Eltern: »Wenn Francisco, der so brav, so gut und so einfach war, noch so viele Rosenkränze beten musste, um in den Himmel zu kommen, wie kann ich es dann verdienen, der ich im Vergleich zu ihm so wenig heilig bin?« Als er dann las, dass die Hirtenkinder die Gottesmutter fragten, was mit einer Freundin von Lucias Schwester namens Amalia geschehen sei, und die Antwort lautete, dass »sie bis ans Ende der Zeit im Fegefeuer bleiben wird«, weil sie die Tanzveranstaltungen liebte, können wir uns vorstellen, wie Carlo dies kommentierte. Die Eltern erinnern sich noch gut daran, wie viele Fragen ihr Sohn dazu stellte und wie ihn diese

Sätze, die er las, lange Zeit sehr nachdenklich machten. Am folgenden Tag fuhr er mit dem Vorlesen fort und Carlo kam zu dem Abschnitt, in dem Lucia von der Höllenvision berichtete, die sie zusammen mit Francisco und Jacinta erlebt hatte: »Wir sahen gleichsam ein Feuermeer und eingetaucht in dieses Feuer die Teufel und die Seelen, als ob sie durchscheinend, schwarz und bronzefarbig glühende Kohlen in menschlicher Gestalt wären, die in diesem Feuer schwammen, emporgeschleudert von den Flammen, die mit Rauchwolken aus ihnen selbst hervorschlugen. Sie fielen nach allen Seiten wie Funken bei gewaltigen Bränden, ohne Schwere und Gleichgewicht, unter Schreien und Heulen vor Schmerz und Verzweiflung, was uns erbeben und erstarren ließ. Die Teufel unterschieden sich durch die schreckliche und scheußliche Gestalt widerlicher, unbekannter Tiere. Sie waren aber durchscheinend wie schwarze glühende Kohle.«[18]

Dies jagte Carlo einen Schrecken ein und von da an betete er immer häufiger für diejenigen, von denen er glaubte, dass sie in Gefahr seien, auf ewig verdammt zu werden.

Er wusste, was der *Katechismus der Katholischen Kirche* über die »vier Sinne«[19] der Heiligen Schrift lehrt, die nach der alten Tradition der *wörtliche* und der *geistliche Sinn* sind, wobei letzterer in den *allegorischen, moralischen und anagogischen* Sinn unterteilt wird. Carlo sagte, dass man zu einem tieferen Verständnis der in der Vision beschriebenen Ereignisse gelangen kann, wenn man das dritte Geheimnis von Fatima in allegorischem Sinne interpretiert und sich mehr auf die Gestalt Christi konzentriert. Um den allegorischen Sinn zu erklären, zog Carlo oft die Episode vom Durchzug des jüdischen Volkes durch das Rote Meer heran, die die Kirche seit jeher als Zeichen für den Sieg Christi über die Sünde durch die Taufe interpretiert. Die Sklaverei in Ägypten gilt seit jeher als Symbol für die Versklavung des Menschen in der Sünde, und der Durchzug des Volkes Israel durch das Wasser

Schema des Rosenkranzes, das Carlo am Computer entworfen und erstellt hat

Die 20 Geheimnisse sind wie folgt unterteilt:

Die freudenreichen Geheimnisse
(oder *der Freude*)
(die man montags und samstags beten soll)

1 Die Verkündigung des Engels an die Jungfrau Maria
2 Der Besuch der Jungfrau Maria bei der Base Elisabeth
3 Die Geburt Jesu im Stall von Bethlehem
4 Jesus wird von Maria und Josef im Tempel aufgeopfert
5 Jesus wird im Tempel wiedergefunden

Die schmerzhaften Geheimnisse
(oder *des Schmerzes*)
(die man dienstags und freitags beten soll)

1 Jesu Todeskampf im Garten Gethsemani
2 Die Geißelung Jesu
3 Die Dornenkrönung
4 Jesu Weg zum Kalvarienberg mit dem Kreuz
5 Jesus wird gekreuzigt und stirbt am Kreuz

Die lichtreichen Geheimnisse
(oder *des Lichtes*)
(die man donnerstags beten soll)

1 Die Taufe im Jordan
2 Die Hochzeit von Kana
3 Die Verkündigung des Reiches Gottes
4 Die Verklärung
5 Die Eucharistie

Die glorreichen Geheimnisse
(oder *der Glorie*)
(die man mittwochs und sonntags beten soll)

1 Die Auferstehung Jesu
2 Die Himmelfahrt Jesu
3 Die Herabkunft des Heiligen Geistes im Abendmahlssaal
4 Die Aufnahme Mariens in den Himmel
5 Die Krönung Mariens zur Königin des Himmels und der Erde

Einführung
Kreuzzeichen
O Gott, komm mir zu Hilfe.
Herr, eile mir zu helfen.
Ehre sei dem Vater und dem Sohn und dem Heiligen Geist.
Wie im Anfang, so auch jetzt und alle Zeit und in Ewigkeit.

Für jedes Geheimnis
Formulierung des Geheimnisses[20] und mögliche biblische Lesungen im Zusammenhang mit dem Geheimnis.

Bei den großen Perlen
Vaterunser
und
Ehre sei dem Vater und dem Sohn und dem Heiligen Geist.

Bei den kleinen Perlen
10 *Gegrüßet seist du, Maria*

Anrufung
O mein Jesus, verzeih uns unsere Sünden,
bewahre uns vor dem Feuer der Hölle,
führe alle Seelen in den Himmel, besonders jene, die deiner Barmherzigkeit am meisten bedürfen.

Es folgen ein *Vaterunser* – ein *Gegrüßet seist du, Maria* – ein *Ehre sei dem Vater* nach Meinung des Heiligen Vaters und für alle Bedürfnisse der Kirche.

Schließlich die *Lauretanische Litanei*

Am Ende der fünf Geheimnisse
Salve Regina

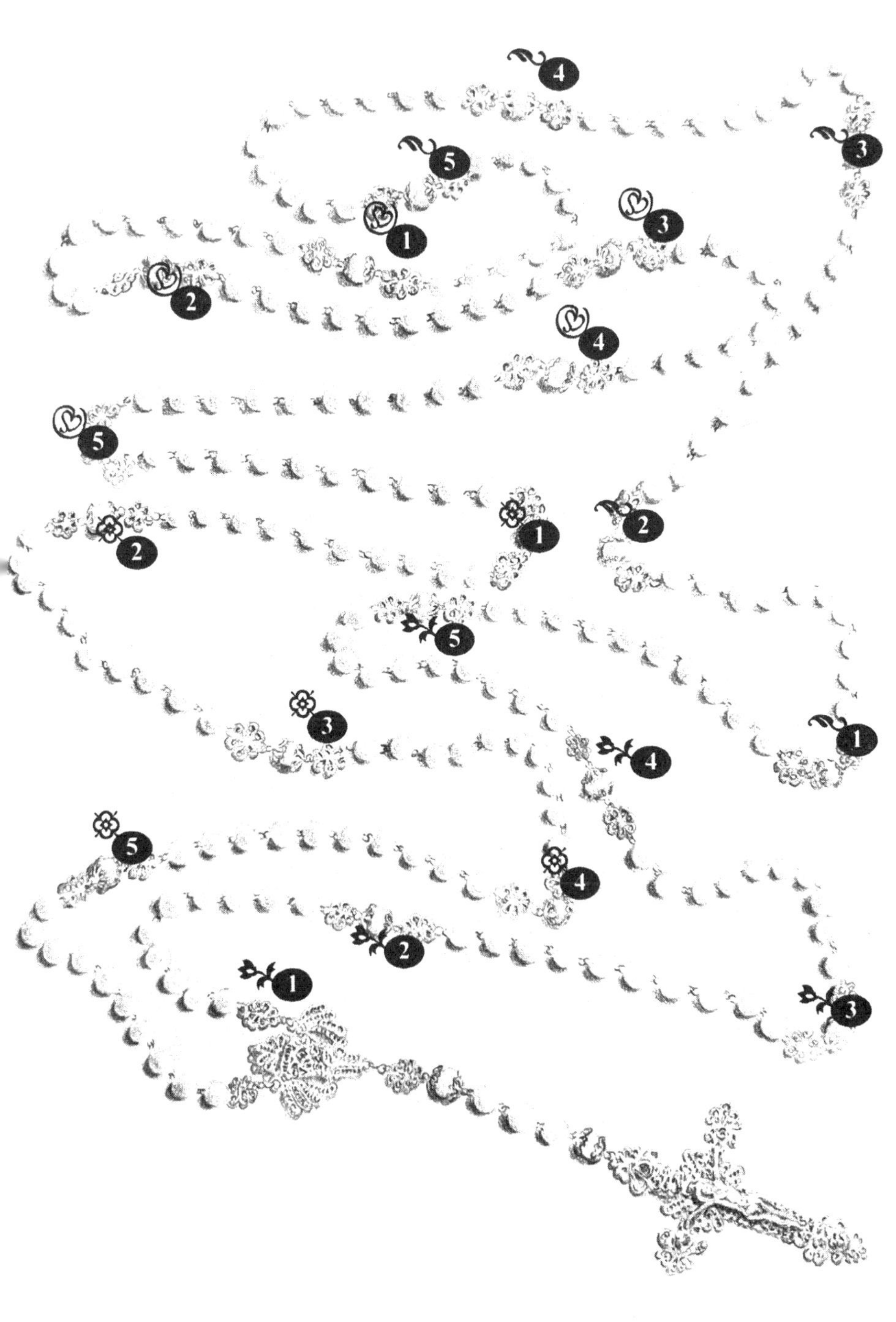

des Roten Meeres, in dem der ägyptische Pharao und seine Armee verschlungen wurden, symbolisiert die Befreiung des Menschen von der Sünde durch das Wasser der Taufe.

Carlo benutzte dann den allegorischen Sinn, um das dritte Geheimnis von Fatima zu erklären, indem er sagte, dass man auch zu einer eucharistischen Interpretation kommen könne, denn »das Kreuz auf dem Berg kann auch das in jeder Messe gefeierte Opfer Christi darstellen, der sich für die Erlösung der Menschen opfert. Das Blut, das die Engel unter den Balken des Kreuzes über die Gläubigen ausgießen, die mühsam den Berg erklimmen, ist das Blut, das der Herr während der Eucharistiefeier zusammen mit dem Blut der Märtyrer für die Menschheit vergießt und das die Herzen der Menschen von den begangenen Sünden reinigt. Die Pfeile, die die Gläubigen auf dem Weg zum Berggipfel treffen, könnten ein Symbol für all die Schwierigkeiten sein, denen die Menschheit begegnet, um des Himmels würdig zu werden. Die Gestalt des weiß gekleideten Bischofs, die die Kirche mit Johannes Paul II. in Verbindung brachte, der immer auf die Bedeutung der Eucharistie hingewiesen hat und der auf jeden Fall ein ›Märtyrer‹ war, verdeutlicht den eucharistischen Sinn der Vision noch mehr.«

Jedes Jahr praktizierte Carlo die Andacht des ersten Samstags an fünf aufeinanderfolgenden Monaten, die direkt von der Muttergottes offenbart wurde, als sie 1925 Schwester Lucia erschien und alle Menschen einlud, sie zu trösten und Wiedergutmachung für die gegen ihr Unbeflecktes Herz begangenen Beleidigungen zu leisten mit der Verheißung: »Allen, die fünf Monate lang am ersten Samstag des Monats beichten, die heilige Kommunion empfangen, den Rosenkranz beten und mir 15 Minuten lang bei der Betrachtung der Geheimnisse Gesellschaft leisten – mit der Absicht, mir dies als Wiedergutmachung zu opfern –, werde ich in der Todesstunde mit allen für die Erlösung notwendigen Gnaden beistehen.«

Carlos tödliche Krankheit und sein seraphischer Tod

Carlo wurde nur wenige Tage vor seinem Tod krank (etwa zehn Tage zuvor), und niemand hätte sich vorstellen können, dass sich hinter einer scheinbar einfachen Grippe eine Leukämie des Typs M3 verbarg, die von allen Ärzten als die schlimmste Form der Leukämie betrachtet wird und kaum heilbar ist. Zunächst hielten jedoch sowohl die behandelnde Ärztin als auch ein befreundeter Arzt der Familie Carlos Krankheit für einen einfachen Mumps. Der junge Carlo war sich dessen nicht bewusst, dass er bald sterben würde. Seine Eltern erinnern sich daran, dass sie einige Tage vor seiner Einlieferung ins Krankenhaus, als sie ihm in seinem Zimmer Gesellschaft leisteten, ihren Sohn sagen hörten: »Ich opfere dem Herrn alle Leiden auf, die auf mich zukommen werden, für den Papst und die Kirche, damit ich nicht ins Fegefeuer, sondern direkt in den Himmel komme.«

Vier Tage später stellte Carlo nach dem Aufwachen fest, dass er Blut im Urin hatte. Seine Mutter begann sich ernsthaft Sorgen zu machen und nach einem Telefongespräch brachte sie auf Anraten des Arztes eine Urinprobe sofort zu einem medizinischen Labor, damit nachgeprüft werden konnte, ob es sich tatsächlich um eine schwere Harnwegsinfektion handle. Die Ergebnisse der Untersuchung ergaben, dass alles in Ordnung war, aber es wurde nicht besser.

Am Sonntagmorgen trat eine schwere Asthenie [Kraftlosigkeit, Schwäche] auf und die Eltern beschlossen, Carlos alten Kinderarzt anzurufen, der ihnen riet, sofort in die Klinik zu kommen, in der er Chefarzt und die zufällig auch auf Blutkrankheiten bei Kindern spezialisiert war. Die Ärzte erkannten sofort den Ernst der Lage und es bereitete ihnen großen Kummer, die Nachricht seinen Eltern zu überbringen, die bis zuletzt nicht glauben wollten, dass Carlo nicht mehr lange leben sollte. Einige Wochen nach Carlos Tod fand seine Mutter ein Video von ihm, das er zwei Monate vor seinem Tod aufgenommen hatte. Am Ende dieser Aufnahme sagte Carlo auf mysteriöse Weise: »Ich wiege 70 Kilogramm und bin zum Sterben bestimmt.« Wenn man sich die Dynamik der Ereignisse vor Augen führt, ist es nicht gewagt, davon auszugehen, dass Carlo mehr ahnte, als er zugeben wollte. In der Vergangenheit hatte es bereits einige Ereignisse gegeben, die Carlo vorausgesagt und die sich als wahr herausgestellt hatten.

Der Leiter der hämatologischen Abteilung der Klinik musste Carlo aufgrund der geltenden Gesetze in Italien mitteilen, dass er an Leukämie erkrankt sei und sich einer langwierigen Behandlung unterziehen müsse, um wieder gesund zu werden. Jahrelang war der Junge von seinen Eltern darauf verwiesen worden, das Leben auf der Erde als Durchgang zum Paradies zu betrachten, und in diesem Moment wurde ihm sicherlich klar, dass diese Krankheit zum Tod führen könnte. Nachdem der Arzt das Zimmer verlassen hatte, blieb er ruhig und gefasst und sagte zu seinen Eltern: »Der Herr hat mich ›wachgerüttelt‹!«

Als er nach ein paar Stunden in der Klinik ankam, wurde Carlo auf die Intensivstation verlegt, wo man ihm einen Kunststoffhelm aufsetzte, um ihm das Atmen zu erleichtern, aber das war sehr lästig, denn dadurch konnte er den Schleim nicht richtig aushusten. Dies verursachte ihm, wie er seiner Mutter anvertraute, eine große Qual. Seine Mutter durfte nur bis ein Uhr nachts bei ihm auf der Intensivstation bleiben, dann musste der Junge mit der Maschine allein bleiben. Er konnte nicht schlafen und wartete, bis seine Mutter am Morgen zurückkam, die die ganze Nacht mit Großmutter Luana im Krankenhaus verbracht hatte, um für jeden Notfall bereit zu sein.

Der Arzt, der sich um ihn kümmerte, verlegte ihn in das Krankenhaus *San Gerardo* in Monza, das auf die Art der Leukämie, an der er erkrankt war, spezialisiert ist. Dieser Typ der Leukämie kann in Italien nur in drei Krankenhäusern behandelt werden kann. Seine Mutter und seine Großmutter mütterlicherseits durften dort mit ihm in seinem Zimmer schlafen, was für Carlo ein großer Trost war.

Im Krankenhaus spendete ihm ein Priester das Sakrament der Krankensalbung. Einige der Krankenschwestern und Ärzte, die Carlo in dieser Zeit begleiteten, erinnern sich mit großer Zuneigung und Bewunderung an ihn:

»Es war Jahre her, dass ich einen Patienten in diesem Zustand gesehen hatte, und ich fragte mich, wie er nicht über Schmerzen klagen konnte, da seine Arme und Beine geschwollen waren wegen der eingelagerten Flüssigkeit. Wenn man ihn fragte: ›Hast du Schmerzen?‹, antwortete er, dass sie erträglich seien. Der beeindruckendste Moment für mich war, als er aus der Radiologie zurückkam, wohin er auf einer Bahre transportiert worden war. Ich sagte zu ihm: ›Ich glaube, es geht dir besser‹, und er lächelte und öffnete seine Augen weit und sagte: ›Ja, es geht mir besser‹, und dann versuchte er, sich selbst zu helfen, um von der Bahre auf das Bett der Station zu kommen, damit wir nicht zu viel Mühe hatten.

Am nächsten Tag um 14 Uhr, nachdem ihm die Kolleginnen der ersten Schicht die Atemhilfe angelegt hatten, betrat ich das Zimmer, als ein Arzt ihn fragte: ›Wie fühlst du dich?‹, und Carlo antwortete: ›Wie immer, gut!‹ Nach einer halben Stunde lag er im Koma. Carlo gehört zu den Patienten, denen man wegen der eintretenden Komplikationen bald nicht mehr helfen kann, die dich jedoch mit einer großen Liebe und trotz der Situation mit einem Gefühl des Friedens zurücklassen, das nicht erklärt werden kann, weil es nicht auf der Tatsache beruht, dass ich als Spezialist alles für ihn getan habe, sondern das von der Erinnerung an ihn herrührt und dem Glück, ihn gekannt zu haben.«

»Ich lernte Carlo an dem Tag kennen, an dem er in unserer Station der Pädiatrischen Hämatologie im Krankenhaus *San*

Gerardo aufgenommen wurde. Sein Zustand war kritisch, sehr ernst. Als ich das Zimmer betrat, fragte ich Carlo: ›Wie geht es dir?‹ Carlo antwortete: ›Gut.‹ Überrascht von der Antwort fragte ich: ›Gut?‹ Und Carlo antwortete: ›Es gibt welche, denen es noch schlechter geht.‹ Diese Antwort hat mich sehr beeindruckt.«

»Ich habe wenige Stunden mit Carlo verbracht, Stunden, in denen sein Leben an einem seidenen Faden hing, der dann riss. Es waren intensive Momente, nicht nur weil sie voller berufsbedingter Aktivität waren, sondern auch weil sie reich an jenem Austausch waren, bei dem man in dem Moment, in dem man gibt, sofort das Gefühl hat, etwas erhalten zu haben. Diese zwei Tage haben nicht ausgereicht, um Carlo gut kennenzulernen, aber er ist in meinen Gedanken immer präsent. Ich war beeindruckt von diesem Jungen, der so groß war, dass er kaum in das Bett passte, so groß in der Demut in seinem extremen Leiden. Seine Augen waren sehr schön, auch wenn sie von der Krankheit gezeichnet waren, denn trotz allem strahlten sie etwas Frohes aus, fast so, als wollten sie die Menschen, die vor ihm standen, beruhigen. Er war so bescheiden, so höflich und entschuldigte sich, wenn er etwas nicht verstanden oder nicht geschafft hatte, jedoch beklagte er sich nie, auch wenn ich seine Worte nicht verstehen konnte. Das sind Eigenschaften, die nur wenige besitzen, wenige, die, auch wenn man ihnen nur kurz begegnet, für immer in Erinnerung bleiben.«

»Ich möchte gerne erzählen, wie Carlo meiner Meinung nach war: Er war ganz besonders. Wir verbrachten nur ein paar Stunden miteinander, aber vielleicht hat er mir etwas mehr hinterlassen: ein fröhlicher Junge, der all meine Fragen schon bei der ersten Antwort mit einem Lächeln beantwortete. Ein mutiger Junge, der sich sein Leiden nicht anmerken ließ und mich in dieser Nacht mehrmals bat, seine Lieben nicht zu wecken, weil er sagte, sie seien so müde, er wolle sie nicht beunruhigen. Manchmal verstand ich ihn nicht, aber ich weiß, dass er froh war, wenn ich noch etwas länger bei ihm blieb. Ich habe ihn nicht ein einziges Mal ›Ich habe Angst‹ sagen hören. Carlo gehörte zu den Menschen, die, wenn man ihnen die Hand reicht, diese mit Liebe ergreifen und Ruhe und Frieden schenken, mehr als die Ruhe, die ich ihm bieten konnte. In dieser Nacht wurde ich auf eine harte Probe gestellt. Ich versuchte, seiner festen Überzeugung, dass er gehen müsse, etwas entgegenzusetzen, aber dann war es das Beste, seine Hand zu halten, anstatt zu reden. Ich wollte ihn auf jeden Fall am nächsten Abend wiedersehen, aber was er sagte, war überzeugender. Gerade weil er jemand Besonderes war, erinnere ich mich noch immer an ihn.«

Nachdem er ins Koma gefallen war, wurde Carlo auf die Intensivstation gebracht, wo eine spezielle Blutwäsche bei ihm durchgeführt wurde, bei der die roten von den weißen Blutkörperchen getrennt wurden, was sehr erfolgreich war. Leider erlitt er jedoch nach kurzer Zeit eine Hirnblutung und starb innerhalb von wenigen Stunden. Seine Organe waren so stark geschädigt, dass sie niemandem gespendet werden konnten, und im Krankenhaus wurde beschlossen, das lebenserhaltende Beatmungsgerät erst dann abzuschalten, wenn sein Herz nicht mehr von allein schlagen konnte. Obwohl der Hirntod eindeutig am 11. Oktober 2006 eintrat, hörte sein Herz erst am 12. Oktober, dem Vortag der letzten Erscheinung von Fatima, um 6.45 Uhr auf zu schlagen.

Die Nachricht von seinem Tod verbreitete sich schnell dank einiger seiner Klassenkameraden des *Istituto Marcelline Tommaseo*. Seine Mutter und sein Vater erhielten die Erlaubnis, den Leichnam ihres Sohnes mit nach Hause zu nehmen und ihn in seinem Schlafzimmer aufzubahren. Vier Tage lang gab es eine ununterbrochene Reihe von Besuchen. Viele waren erstaunt, dass sein Körper nach Lilien roch. An der Beerdigung nahm eine riesige Menschenmenge teil und viele mussten draußen vor der Kirche bleiben, weil sie nicht mehr hineingelangen konnten. Viele der Teilnehmer hatten nicht das Gefühl, auf einer Beerdigung zu sein, sondern auf einer Feier. Als der Priester den Schlusssegen erteilte und sagte: »Gehet hin in Frieden«, hörten die Anwesenden die Glocken festlich läuten, denn die Messe endete genau zur Mittagszeit. Alle Priester, die konzelebriert hatten, sagten, sie hielten dies für ein Zeichen, dass Carlos Tod der Beginn seines himmlischen Lebens, dass er in den Himmel gekommen sei. Seit seinem Tod haben viele Menschen gebetet und seine Fürsprache angerufen und viele haben bezeugt, dass sie Unterstützung und Gnaden erhalten haben. Viele halten Carlo für eine besondere Seele, die angerufen werden soll, und erinnern sich an ihn als einen vollkommenen Jünger Christi. Einige der Anwesenden bei seiner Beerdigung bezeugen: »Als Carlo starb, war die Kirche so voll, dass einige Leute draußen bleiben mussten, und alle weinten.« – »Die Feier zu Carlos Beerdigung wirkte wie ein ›Fest‹, weil die Atmosphäre ›himmlisch‹ war. Die Kirche war sehr voll, es gab eine herzliche Teilnahme und große Ergriffenheit. All seine Freunde, sogar die aus der Grundschule, hatten rote Augen vor lauter Tränen …«

Dem Urteil der Kirche vertrauen wir das Leben und die Gestalt dieses Jungen an, der es in nur 15 Jahren verstand, ein authentischer Zeuge für Christus zu sein. [Carlo Acutis wurde am 10. Oktober 2020 in Assisi seliggesprochen (Anm. d. V.)].

Gedichte zu Ehren von Carlo

Er war an unserer Seite und wartet jetzt auf uns

Herr, wir möchten mit dir über Carlo sprechen.
Wir hatten ihn an unserer Seite
mit der ganzen frischen Energie seiner 15 Jahre
als Sohn, als Freund,
als Bruder im Leben und im Glauben,
geeint in Freude und im Einsatz,
auf der Suche nach dem, was für alle und jeden Wert besitzt.

In der Selbstverständlichkeit der gemeinsamen Tage
wie im großherzigen Ansporn
für die wichtigen Anlässe
und die Höhepunkte des Wachstums
wussten wir, dass wir auf ihn
zählen konnten.

Blitzartig
nahm ihn der kurze Verlauf einer unbezwingbaren
Krankheit von uns.
Nun ist Carlo immer noch für uns da,
vollkommen,
eine Offenbarung des Lichts, die uns tröstet:
Genau in dem Moment, als uns die Nachricht erreichte,
dass wir ihn nicht mehr unter uns sehen würden,
prägte er die liebenswerte Gestalt
seiner schönen Persönlichkeit unauslöschlich in uns ein.
Jetzt wissen wir durch die offene Wunde der Loslösung,
aus welcher Wurzel er den Saft schöpfte
seiner Gedanken, seiner Projekte,

und jener seltenen Leichtigkeit und Rechtschaffenheit
seiner Schritte in die Zukunft hinein.

Herr,
wir können nicht erkennen, zu welchem Plan
das alles gehört.
Wir wissen, dass Carlo uns viel bedeutet hat
und dass er jetzt nichts anderes sein kann als Gast
deiner Liebe, in der jede menschliche Sehnsucht
vollkommen und glücklich ist.

Hilf uns, jeden Tag unseren Weg,
unsere schmerzhafte Trennung,
in ein zuversichtliches Bewusstsein
der großen Gemeinschaft der Heiligen zu verwandeln,
zu der wir alle gehören.

Monsignore Gianfranco Poma

Ich lernte Carlo kennen und sein Andenken lebt in mir weiter

Viele sind wie Sterne, die am Nachthimmel leuchten,
einige senden ein helleres Licht aus,
da gibt es einen, der sich in seiner Helligkeit
von den anderen abhebt,
der mich an dich denken lässt, Carlo.

Nicht jeder, der in den Himmel schaut,
bemerkt den Unterschied zwischen einem Stern und dem anderen,
du aber, Carlo, bist unverkennbar,
bisher fand ich noch niemanden wie dich.

Auf meinen Reisen per Schiff
habe ich oft Sternschnuppen gesehen.
So sah ich auch dich eine leuchtende Spur ziehen,
bevor du meinen Augen entschwandest.

Ich war im Libanon, ich erinnere mich an seine Flagge:
Da steht eine Zeder – ein Baum, den die Bibel erwähnt.
Zufall: Auf dem Tommaseo-Platz
zwischen der Fassade der Kirche *Santa Maria Segreta*
und dem Institut der Marcellinen (bei denen du die Grundschule und die Mittelstufe besuchtest!)
steht eine riesige Zeder,
unter deren untersten Ästen
Kinder und Jugendliche spielen.
Ich sehe dich dort, ein Kind, und dann wurdest du schnell erwachsen,
bald übertrafst du mich an Größe, so wie du all deine Altersgenossen übertrafst.
Niemand ist in meinen Augen so »groß« geworden wie du.

Wir haben nie unter vier Augen miteinander gesprochen,
sind uns nie vertraut geworden,
aber dein Gruß ist noch in meiner Erinnerung:
ein offener und liebevoller Gruß.
An niemanden erinnere ich mich so wie an dich.

Von Kindheit an bis zum Jugendlichen
hast du eine gute Art des Daseins beibehalten,
dein Leben verlief ruhig und geordnet.
Du warst in allem fröhlich und besonnen.
Was ich in meinem Leben gelernt habe
von meinen Eltern, meinem Pfarrer, den Katecheten,
den Lehrern,
habe ich in dir gegenwärtig gesehen.
Davon warst du ein lebendiges Abbild.

Deine Lichtspur durch die Orte, an denen ich dich sehe
(der Kirchenvorplatz, das Oratorium, das Pflaster der Via
Ariosto),
wirkt in mir noch nach,
auch wenn ich dich physisch nicht mehr sehen kann.

Es ist, als hörte ich noch die Stimme deines Grußes,
es ist, als begleite mich etwas
wie der diskrete Schatten deines Lichtes.
Wenn meine Augen manchmal jemanden beobachten, der so
aussieht wie du,
spüre ich sofort, dass er nicht so ist wie du.

Ich danke dir, Carlo, denn in meinen Gedanken
hast du nicht einmal
den Schatten von etwas Bösem hinterlassen.

Ich weiß, die Engel Gottes haben dich begleitet.
Da sie dich als einen der ihren empfunden haben,
haben sie dich mit Freude umgeben und dich mitgenommen.

Ärzte kennen die wohltuenden Wirkungen der Kräuter
und nutzen sie, um Kranke zu heilen.
Das Leben ist ein Geschenk Gottes.
Die Geheimnisse des Lebens liegen in Gottes Hand.
Und Gott benutzt sie, um unser Leben zu retten
und es gesund zu erhalten.
Heute bitte ich dich darum:
Vor Jesus und seiner Mutter
tritt für uns ein,
damit wir immer auf dem guten Weg bleiben.

DANKE!

Neel Jastus Perera

An Carlo

Du, Carlo,
warst noch ein kleiner Junge,
als
die Himmelsboten
dich mit dem Geist des Lichtes
unterrichteten,
da du früh für den Himmel
bestimmt warst.
Vielleicht sprachst du mit den Engeln,
als du jene schwierigen
Bücher gelesen hast,
die nur für
Universitätsstudenten geschrieben waren.
Auch der Computer hatte
keine Geheimnisse für dich,
und die geheimnisvolle Welt
der Computertechnik
eröffnete dir sofort
das Labyrinth des Wissens.
In deinen
jungen Jahren,
mit deiner großen Offenheit
und deiner Freundlichkeit konntest du
uns die Freude des Himmels vermitteln.
Du, Carlo,
konntest uns
in deinen jungen,
unschuldigen Jahren,
in der großen Offenheit
deiner Existenz
die unaussprechliche
Himmelsfreude hier unten

vermitteln.
Auf den Schulbänken
hast du
freundschaftliche Beziehungen geknüpft
und mit ihm, dem unsichtbaren Freund,
gesprochen,
als du dabei geholfen hast, Streitereien
beizulegen.
Du, Carlo, lächelst
in der unendlichen Wohnung,
wo du glücklich und selig bist,
jenseits der Zeit
und dieses engen Raumes,
in dem die noch wehklagen
und beten, die dich so sehr
geliebt haben.

Giuseppina Sciascia

Anhang

Nachstehend wird das gesamte Zeugnis von Monsignore Gianfranco Poma wiedergegeben, Carlos Gemeindepfarrer, den er sehr liebte und schätzte.

Carlo: eine angenehme christliche Geradlinigkeit

Die Monate vergehen, und in der Zwischenzeit erscheint mir der »Durchgang« des jungen Carlo Acutis durch die österliche Pforte des Herrn immer deutlicher als ein Zeichen der Gnade, ein ungewöhnliches Zeichen, das verständlich und sehr vertraut ist.

Ich habe meine eigenen Gründe – die ich weiter unten erläutern werde –, um auf ihre Bedeutung und Schönheit hinzuweisen, gerade in Bezug auf Carlos »normalen, nach den Evangelien ausgerichteten« Lebensstil im Alltag, wie er sich mir bei den häufigen Gelegenheiten zeigte, bei denen ich mit ihm in Kontakt kam. Heute bin ich jedoch immer mehr von dem Echo beeindruckt, das ich durch spontane Aussagen vieler Menschen – aller Altersgruppen – erhalte, die das Bedürfnis haben, mit mir darüber zu sprechen. Was all diese Erinnerungen gemeinsam haben, ist ein auffälliges Merkmal: die Wahrnehmung, dass Carlo ein ganz normales Leben führte, jedoch in einer besonders harmonischen Weise. Bei ihm gab es keine Prahlerei, keine Neigung, als etwas »Besonderes« zu erscheinen, keinen Voluntarismus, der darauf abzielte, ein Bild der Überlegenheit von sich abzugeben. Das Gegenteil war der Fall: Er fühlte sich immer wohl dabei, Integrität zu zeigen, Lebensfreude in ihren vielen Ausdrucksformen, Einfachheit der Manieren und der Sprache (im Sinne einer natürlichen Abwesenheit von Doppelzüngigkeit oder Berechnung).

Und er war ein begabter Junge, wie jeder bestätigen kann: mit klarer Intelligenz und konkretem Verantwortungsbewusstsein, einem feinen Sinn für Humor und einer klaren Vorstellung von den nicht verhandelbaren Werten. Carlo war ein offener und liebevoller Junge, jedoch ohne Stolz und frei von Besitzdenken, leidenschaftlich in seinem uneigennützigen planerischen Handeln, in das er seine Energie und seine Fähigkeiten mit Freundlichkeit zu investieren wusste. Er war sehr geduldig, was Schwierigkeiten bei der Realisierung von Gruppenprojekten anbelangte. Auf Groll und eigensinniges Verhalten zu reagieren, lag ihm gewohnheitsmäßig fern. Er hatte kein Verlangen danach, sich hervorzutun und eine Starrolle einzunehmen, obwohl er über hervorragende Eigenschaften verfügte wie Schlagfertigkeit und eine wohltuende Art, ein Gespräch zu führen und mit anderen in Beziehung zu treten. Er war schlicht in seinem Leben und in seinen Bestrebungen. Wer sich heute an ihn erinnert, entdeckt mit zunehmender Überraschung eine ungewohnte »wohltuende Ausrichtung« mit klaren christlichen Wurzeln.

All dies – einzigartig ist die Fülle der übereinstimmenden Eindrücke, die er bei den Menschen, die ihm täglich begegnet sind, hinterlassen hat: seinen Altersgenossen, ihren Eltern, den Gemeindemitgliedern, die in der Pfarrei Aufgaben ausführen – bringt Licht in die persönlichen Erfahrungen, die ich im spontanen Austausch mit ihm über die Einschätzung von Fakten und Projekten machen konnte, von denen er mir im geistlichen Dialog, der immer klar und prägnant war, berichtete. Es handelte sich um Erlebnisse und Fragen, die Carlo sich auf der Suche nach seiner »Identität« als Christ gestellt hat, vor allem, wenn er das Sakrament der Versöhnung empfing.

Er beschränkte sich nicht auf die Einhaltung der Sonntagspflicht: Es war nicht ungewöhnlich, ihn bei den Werktagsmessen anzutreffen, versunken und besinnlich in seiner aktiven Teilnahme.

Er stellte sich gerne für Dienste in der Pfarrgemeinde zur Verfügung: Mit Begeisterung unterstützte er den Aufbau der Internetseite der Pfarrei. Er war geistig aufgeweckt und immer auf dem Laufenden, was die Nutzung der Computersysteme betraf.

Ganz gewiss profitierte Carlo von seinem besonderen familiären Umfeld, in dem bei der Erziehung auf spirituelle Werte geachtet wurde und eine Offenheit dafür bestand, »über den Glauben nachzudenken« und Fragen zu stellen hinsichtlich der Ausübung des Glaubens im Berufsleben. Allerdings war sein Umgang damit kein passives oder unterwürfiges Entgegenkommen: Carlo war sich der »Originalität« seines religiösen Weges und Ausdrucks bewusst. Unfähig zu jeglicher polemischen Unhöflichkeit, scheute er sich jedoch nicht, sein Unterscheidungsvermögen in Bezug auf seinen Weg der Begegnung mit dem guten Inhalt des Evangeliums zu schärfen. Ich habe Grund zu der Feststellung, dass ich bei ihm eine Haltung der Offenheit spürte, eine radikale Berufungswahl in Erwägung zu ziehen. Dies ist der Aspekt, der mich am meisten beeindruckte und der mich davon überzeugte, dass Carlo eine ungewöhnliche geistliche Gabe erhalten hatte. Aus diesem Grund, da er sie mit sonniger Einfachheit des Gemüts erwiderte, konnte sein Leben eine sichtbare Botschaft darstellen, die besonders geeignet war, die christliche Harmonie innerhalb der in seinem Alter üblichen Ausprägung und angesichts der üblichen Lebensweise, die in unserer Welt und unserer Zeit vorherrscht, zum Ausdruck zu bringen.

Ich bekräftige mit gesteigerter Überzeugung (und beziehe mich darauf), was ich in der Predigt bei seiner Beerdigungsfeier in einer voll besetzten Kirche über die eucharistische »Prägung« seines Lebens ausgeführt habe. Nun weiß ich, dass viele es wahrgenommen haben und heute andächtig und spontan sein Andenken bewahren, indem sie sich auch im Gebet an ihn wenden.

Monsignore Gianfranco POMA
Pfarrer der Pfarrei Santa Maria Segreta

Viele erbitten Fürsprache und Hilfe von Carlo, dessen Gegenwart unter uns immer noch spürbar ist. Wer eine Gnade erhalten hat oder wem eine Bitte erfüllt wurde, die der Fürsprache von Carlo Acutis zu verdanken ist, kann sich an die folgende Adresse wenden:

Antonia Acutis
Via Ariosto 21, I–20145 Milano
Tel: 0039 02 48194408
info@carloacutis.com
www.carloacutis.com

Anmerkungen

1 Am 6. April 2019 wurden die sterblichen Überreste von Carlo Acutis in die Kirche *Santa Maria Maggiore* in Assisi überführt. Vor dieser Kirche, der ehemaligen Kathedrale der Stadt, verzichtete der heilige Franziskus auf allen irdischen Besitz (Anm. d. Ü.).

2 Am 13. Mai 2017 wurden Francisco und Jacinta Marto von Papst Franziskus heiliggesprochen (Anm. d. Ü.).

3 https://www.vatican.va/content/john-paul-ii/de/letters/1994/documents/hf_jp-ii_let_13121994_children.html, abgerufen am 21. Februar 2022.

4 Therese von Lisieux, *Geschichte einer Seele und weitere Selbstzeugnisse*, München 1952, Mskr. A., II. Teil.

5 Ferdinand Hölbock, *Die Theologin des Fegefeuers, Hl. Catharina von Genua*, Stein am Rhein 1980, IX. Kap.

6 Dieter Berg, Leonhard Lehmann (Hg.), *Franziskus-Quellen, Die Schriften des heiligen Franziskus, Lebensbeschreibungen, Chroniken und Zeugnisse über ihn und seinen Orden*, Kevelaer 2009, S. 2–8.

7 *Repertorium fontium medii aevi: Fontes, VI,* Rom 1990.

8 Teresio Bosco, *Don Bosco,* Turin 1979, S. 206–208.

9 Dieter Berg, Leonhard Lehmann (Hg.), *Franziskus-Quellen, Die Schriften des heiligen Franziskus, Lebensbeschreibungen, Chroniken und Zeugnisse über ihn und seinen Orden*, Kevelaer 2009, S. 784.

10 P. Alessio Parente, *Pater Pio und die Armen Seelen*, San Giovanni Rotondo 2009, S. 177–185.

11 *Tagebuch der Schwester Maria Faustyna Kowalska*, siehe https://www.heiligefaustina.de/das-tagebuch-2/, S. 337, abgerufen am 22. Februar 2022.

12 Ebd., Absatz 741.

13 Auf der vom Autor genannten Internetseite des Heiligtums in Lourdes befindet sich heute ein gekürzter Text (Anm. d. V.).

14 *Schwester Lucia spricht über Fatima*, S. 82–83, II. Erinnerung, S. 180, IV. Erinnerung, siehe https://www.fatima.pt/de/pages/topdf/bericht-der-erscheinungen, abgerufen am 22. Februar 2022.

15 *Schwester Lucia spricht über Fatima,* S. 182–183, IV. Erinnerung, siehe https://www.fatima.pt/de/pages/topdf/bericht-der-erscheinungen, abgerufen am 22. Februar 2022.

16 Ebd.

17 *Schwester Lucia spricht über Fatima*, S. 183–184, IV. Erinnerung, siehe https://www.fatima.pt/de/pages/topdf/bericht-der-erscheinungen, abgerufen am 22. Februar 2022.

18 *Schwester Lucia spricht über Fatima,* S. 189–190, IV. Erinnerung, siehe https://www.fatima.pt/de/pages/topdf/bericht-der-erscheinungen, abgerufen am 22. Februar 2022.

19 Interpretationsmethode, die vier Arten des Lesens in der Heiligen Schrift unterscheidet (Anm. d. V.).

20 In Italien wird das Geheimnis vor Beginn des Gesätzes genannt und nicht als Einschub bei jedem *Gegrüßet seist du, Maria* (Anm. d. V.).

Der Autor

Nicola Gori, geb. 1965, Postulator des Seligsprechungsverfahrens von Carlo Acutis, hat einen Abschluss in Fremdsprachen und Literatur der Universität Florenz. Er arbeitet mit dem Lehrstuhl für spanische Literatur an der Fakultät für Philologie und Philosophie zusammen und ist außerdem Korrespondent des L'Osservatore Romano. Er ist bekannt als spiritueller Schriftsteller und Autor zahlreicher Veröffentlichungen mystischer Natur.